GÉOMANCIE

PHILIPPE DUBOIS

GÉOMANCIE

Pratiques et interprétations

LE GRAND LIVRE DU MOIS

Édition exclusivement réservée
aux adhérents du Club
Le Grand Livre du Mois
15, rue des Sablons
75116 Paris
réalisée avec l'aimable autorisation des éditions Albin Michel

ISBN 2-286-01139-7

« Dans la pluie que Dieu fait descendre du ciel pour rendre vie à la terre qui était morte et répandre sur elle toutes sortes d'animaux, dans le changement des vents et des nuages qui sont astreints au service entre ciel et terre, dans toutes ces choses, il y a des signes pour ceux qui comprennent. »

Qor'an, *II, 164*

SOMMAIRE

INTRODUCTION

Versailles, 1966. Une petite chambre sous les toits. Parmi les livres (de Breton à Gurdjieff en passant par Nietzsche et Srî Aurobindo) qui s'y empilaient entre les toiles et en compagnie d'une guitare, en évidence : une couverture ocre portant le titre : *Dictionnaire des sciences occultes* de Marianne Verneuil (éd. de Monaco). Je ne sais comment le chapitre détaillé traitant de géomancie retint mon attention. En regardant les figures, je m'aperçus très vite qu'elles parlaient. Les bribes de sens que j'identifiai s'articulaient au sein d'une image globale évocatrice du vécu. À cette même époque : toutes sortes de rencontres de voyage qui confortèrent cette évidence que le vécu et le à-vivre s'inscrivaient sur une sorte de linéarité kaléidoscopique de l'être, dont la charnière jouait simultanément en verticalité. Le thème géomantique m'apparut alors comme un instrument extrêmement perfectionné, héritage d'ancêtres « branchés » sur le FOND même de cette Autre Dimension que toutes nos découvertes modernes ne font que simuler par la FORME.

Au fil de ces vingt années, plusieurs « brouillons » du présent ouvrage se succédèrent[1]. J'y consignai tant les données bibliographiques que topographiques des panoramas entrevus au cours du voyage, au niveau du moule de la subjectivité. Les expériences se multipliaient comme autant de « reflets » dynamiques révélant une Conscience englobante transmuant l'aventure passionnée en Approche, discrètement signalée par les interférences de la Tête du Dragon (⁘ Figure géomantique) en allusion au « Cheikh-en-soi-même » (Shaykh — ou Guru-en-Soi).

Au-delà des formulations « divinatoires », que le lecteur pourra à son tour vérifier à l'aide de la partie pratique et surtout d'une observation patiente, souhaitons qu'il accède, hors des limitations dans lesquelles la perception se retrouve trop souvent confinée, à cette Dimension religieuse et métaphysique de la conscience, vis-à-vis de laquelle les arts qualifiés, faute de mieux, de « divinatoires » (l'adjectif découle tout de même du mot : « divin ») sont de remarquables supports.

« La Géomancie n'est pas seulement un système de voyance, elle est avant tout un système cosmogonique, une conception du monde semble-t-il ''à rebours'' où la terre occupe le premier plan. » Jean SERVIER, (*La Tour Saint-Jacques*, n°s 6-7).

« Le mécanisme de l'écriture
se désarticule au dernier moment
et les mots qu'on écrit ne font pas le saut
jusqu'à la pensée.

Il nous faut des signes qui n'aient pas à faire le saut,
qui s'écrivent en un autre espace,
avec le geste qui s'abandonne avant l'écriture.

Il nous faut un espace qui aille du dedans au dedans,
des signes en accord avec cet espace,
une écriture de la pensée. »

Roberto JUARROZ, *Poésie verticale* (Éd. Fayard, 1980).

« La Géomancie indique la réaction terrestre devant la sollicitation de l'Universel. » Armand BARBAULT.

« Les choses ont été composées, et les nombres ont paru à partir de l'Unité selon leur ordre ; l'Un a fait exister le nombre, ce qui signifie : Dieu a fait exister le monde ; et le nombre a séparé l'Un, ce qui veut dire : le monde a fait discerner en Dieu la diversité des noms divins. » Ibn ARABI, *Les Gemmes de Sagesse.*

« Regardez la terre et examinez l'œuvre qui s'accomplit sur elle depuis le commencement jusqu'à la fin ; comment aucune œuvre de Dieu ne change dans sa manifestation. »

Livre d'Enoch (II, 2).

« L'homme se règle sur la Terre, la Terre se règle sur le Ciel, le Ciel se règle sur le Tao. Le Tao n'a d'autre loi que lui-même. » Lao TSEU, *Tao Te King.*

« Les esprits de la Terre inspirent le poète. » SHAKESPEARE.

Première partie

DE LA VOIE GÉOMANTIQUE À LA VOIX DU DEDANS

CHAPITRE I

Reconnaissance au pays de l'Éclairement

L'attirance envers la Géomancie implique une certaine sensibilité à l'élément Terre, poussant à découvrir les arcanes les plus secrets, à s'accorder avec les vérités les plus profondément enfouies dans l'être, les besoins vitaux les plus fondamentaux. La lecture des Figures baigne dans un ordre « hyperphysique ».

Le but du thème est l'émergence des puissances secrètes hors de leur retranchement. On ne peut pas construire sur les circonstances, les apparences, les conditions extérieures qui ne sont pas des choses fondamentales. Il arrive que l'on éprouve le besoin de reconnaître ce que les sens et l'intellect, plus ou moins conditionnés par les influences passagères, peuvent dépeindre d'une manière trompeuse ; à cet effet, la Géomancie peut se présenter comme un Grand Livre susceptible de véhiculer l'état de Nature-en-soi non peinte par le pinceau des pensées discursives, ou tout du moins d'en être le témoin, le Thème géomantique offrant au regard une forme de « bande dessinée » nourrie du Symbole, de la Mythologie et du Ciel des Sages.

La rencontre avec les Figures fait intervenir à travers la mémoire phylogénique, la re-connaissance du « lieu » par rapport à l'Axe du Dragon (Veines du Dragon, « sous la terre »). Chaque Figure en typifie les étages.

De très anciens Sages lisaient naturellement la formule alchimique de la Gestation qui s'opérait au sein de la Terre Mère. Les vibrations qui les habitaient y étaient reconnaissables immédiatement, les merveilles du macrocosme ayant leur image et leur correspondance dans le microcosme qu'est l'homme.

« *Quod in anima est ?* »

« Quelles sont les énergies en jeu ? » Question que se pose le géomancien, quelles que soient les particularités de son thème.

Les maîtres arabes du Moyen Âge, les soufis d'Andalousie et les Maures du Maghreb dont nous évoquerons les noms s'y entendaient à merveille pour combiner Astrologie (Ciel) et Géomancie (Terre). Aujourd'hui, où l'Âge noir est plus qu'avancé dans les limitations carcérales de la pensée dualiste, la terre noire, évoquée par cette Figure : ⁘ Carcer, doit nous inciter plus que jamais à la discrimination des valeurs essentielles, dans une attention à soi-même à laquelle peut contribuer, à l'inverse des propagandes ordinatrices de nivellement par le bas, ce reflet, entre autres, de l'ordonnance du Ciel qu'est la Géomancie. La « trame de fond » de la Géomancie est la Quête hermétique de l'Alchimie (*Al Kîmîya*) qui met en correspondance l'être humain et le minéral. « Les âmes, nous dit Ibn Arabi, ont été créées à partir d'une mine unique » — « La Nature s'apparente à la mine, et l'Âme universelle s'apparente aux sphères célestes ayant la puissance d'agir et des mouvements desquelles résulte la mise en action (de la substance) au sein des Éléments » (*L'Alchimie du Bonheur Parfait*, traduit et présenté par S. Ruspoli, éd. Berg International). En se reportant aux traités des maîtres, on sera surpris de constater les multiples analogies, tant à travers les Figures que dans la constitution elle-même de l'Écu géomantique. Le ou les « juge(s) » du procédé géomantique répondent à cette idée de « balance » et de juste mesure par évaluation, conjonction du contenu du thème (les « engraphies karmiques ») afin d'œuvrer au meilleur ajustement de l'Être-en-devenir et de sa Source de vie.

Source de vie dans les Ténèbres, *Khezr* ou *Khadir*. « C'est à partir de là seulement qu'il devient possible de s'élever », nous dit Sohrawardi. L'Ascension, thème du *Mi'râj* dans la littérature alchimique islamique du Moyen Âge. « Assomption céleste », ravissement aux cieux par l'ange Gabriel, associé à Idris, Hermès, Enoch, ou « Ascension nocturne », vision de la mise en œuvre de l'Alchimie opérant au niveau de l'âme, que l'on retrouvera chez Dante.

Les deux figures initiales : ⁞⁞ Populus ou la Foule extérieure et ⁞ Via, la Route intérieure, révèlent simultanément une dimension d'ordre cosmique et existentielle, et une dimension intérieure, en voyage. Tandis que la Foule tend vers le « même » en s'agglutinant dans l'étroit, la Route prend le large. S'y effectuent les rencontres déterminantes (⁙ Conjunctio). Ainsi, l'Homme est dans le Monde comme Via dans Populus.

⁞⁞ Populus se répartit des deux côtés en parallélisme et en collectivité qui se regroupe en Carcer ⁘.

⁞ Via est axe qui devient mise en rapport et confrontation avec ⁙ Conjunctio.

Jetée dans l'espace astral reflété sur le sable ou par une synchronicité du binaire, dans le nombre des pierres, la conscience du géomancien se propose de désocculter la Terre. Avec ⁙ Conjunctio apparaît la Grande Triade

Ciel-Homme-Terre qui donne à la verticale de Via un mouvement dynamique, de l'Essence à l'Existence et de l'Existence à l'Essence.

Il s'agit donc de savoir « où l'on met les pieds » (les Pieds étant dans la constitution de la Figure géomantique en rapport avec l'élément Terre). « Avoir les pieds sur terre » est trop souvent une expression galvaudée, employée dans son sens le plus insidieux, entre les mains de « fabricants de réalités manipulés ».

Au niveau même du « plus lourd », du « plus fondamental » et du « plus nécessaire », la Géomancie reflète le discours entre Ciel et Terre, réfléchit le désir de l'intelligible, quête divine dans les profondeurs de la Terre.

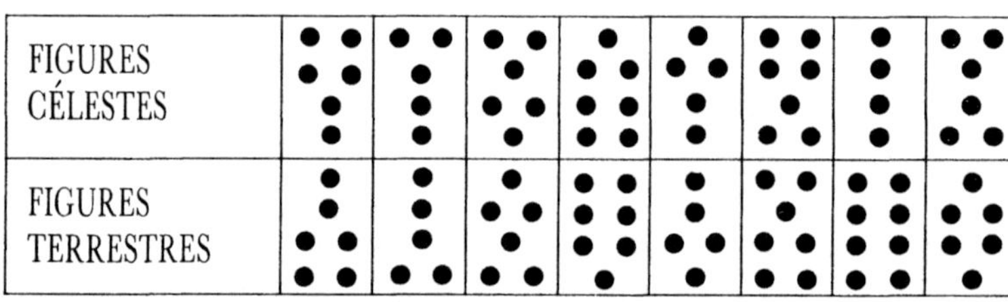

Le témoignage de ce reflet est représenté par l'Écu, « Phyltres des Figures-Mères », ces dernières ayant la propriété de réfléchir ce qu'Étienne Perrot (Préface du *Yi-King*, Richard Whilhelm, éd. Librairie de Médicis, 1973) appelle : « une sorte d'image radiographique du moment », dans ses modalités de transmutation.

Le vrai symbolisme jaillit de la nature. En lui-même, le symbole n'est que l'ombre d'une réalité plus haute.

Gé, la Terre, est le reflet de la Présence, rapport qui

doit être élevé en relation initiatique par le discernement du sens caché. Le symbole, chute du Ciel sur la Terre, développe ici le binaire à la puissance du quaternaire (2^4) donnant seize Figures. Le « jet de points » sur le sable ou la chute d'astéroïdes évoquée dans la seizième Lame des Arcanes majeurs du tarot (la Maison-Dieu) : révélation par la représentation du Principe.

Ces Figures qui sont l'expression de réalités, de lois universelles, vont donner accès aux sources, afin de les forger. Le sens des éléments géométriques qui les composent nous permettant de lire la distribution des énergies dans les formes, dans les mouvements, de la Grande Étendue symbolisée par le Carré au symbole de la Croix qu'il contient, dont le centre relie les deux extrémités complémentaires et transcende en verticalité le plan horizontal de la manifestation.

D'où le mouvement ascendant symbolisé par le Triangle igné, la « Grande Triade », le Purusha, la « Personne cosmique » ; et la « Shakti » ou Nature cosmique symbolisée par le Triangle aqueux, dont le sommet pointe vers le bas, le symbole numérique du premier étant le 3, et celui du second étant le 2.

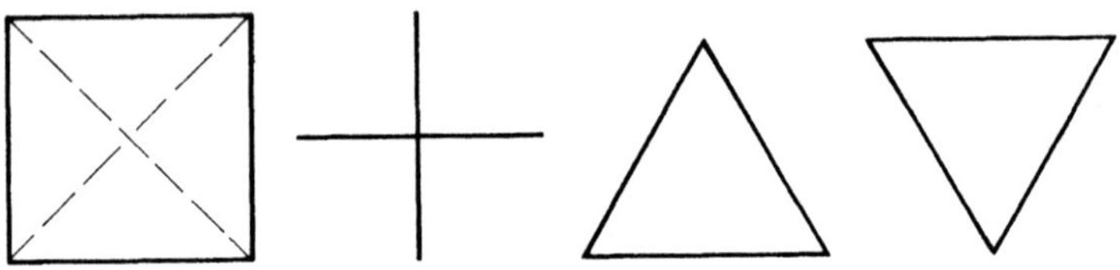

Tandis que le Jet de Points (ou traits verticaux) sur le sable ou la feuille de papier est une « sismographie » de la Mens[2] dont parle Robert Fludd, le choix des poignées de pierres s'apparente à la « Prise » c'est-à-dire à la cognition à son stade minéral.

La vallée que nous avions laissée n'était plus qu'un océan de brouillard. Des avalanches de bruits s'étaient éparpillées le long du chemin. Nous écoutions le Silence. Dans le clapotis d'un petit ruisseau, une voix musicale ; un Appel venu de très loin et de très près à la fois nous invita à recueillir ces cailloux verts qu'il nous suffirait de prendre par poignées successives pour y lire comme dans un miroir le cheminement de notre méditation et les valeurs de notre quête.

Extrayant deux à deux les cailloux recueillis dans le creux de la main, l'on ne conserve que le ou les deux derniers. La « Prise » est en prise avec la Tête de la première Mère géomantique. Répétant l'opération, nous plaçons le Cœur (résultat de la seconde prise) sous la Tête.

Nous obtiendrons l'une de ces quatre figurations :

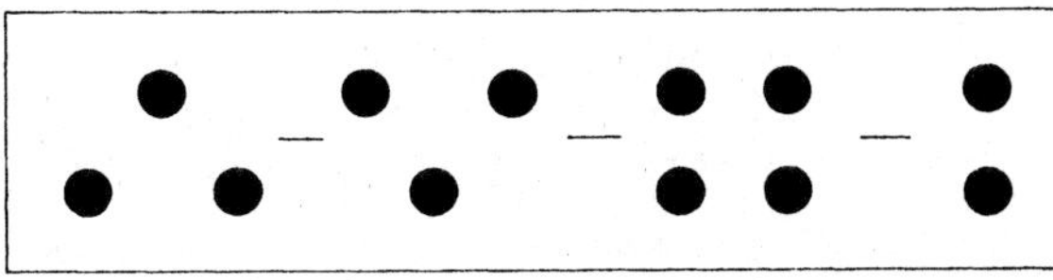

• Le Point, l'Impair, le Caillou témoigne de l'Énergie vitale axiale, intérieure, potentielle ; il est tensoriel, et plus ou moins isolant, concentré en dialectique de structuration verticale avec un autre point ou centripète, extensif, tourné vers la forme sensible lorsqu'il est double.

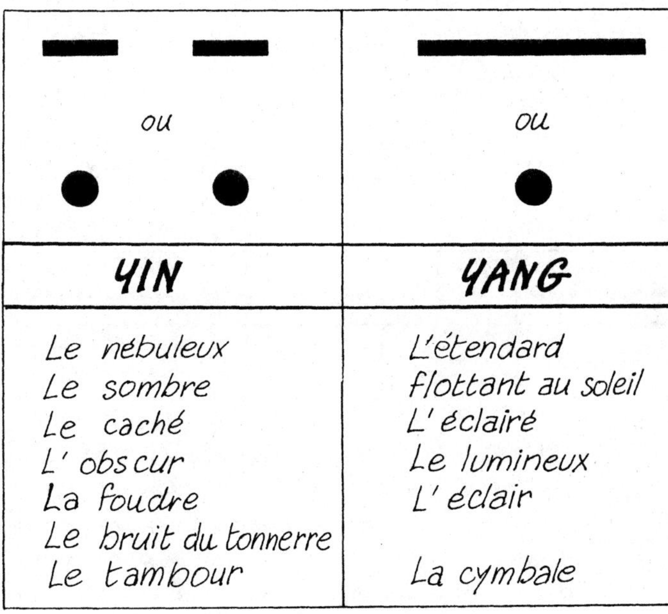

YIN	YANG
Le nébuleux Le sombre Le caché L'obscur La foudre Le bruit du tonnerre Le tambour	L'étendard flottant au soleil L'éclairé Le lumineux L'éclair La cymbale

•• Le Pair ou les Deux Cailloux témoignent du principe complémentaire, polarisé, expression des sens, mise en forme de l'énergie. Lorsque nous passons de Deux à Un, nous avons une réunion, une fusion, ou encore une ouverture, une éclosion vers le haut. Lorsque nous obtenons deux fois de suite Deux Cailloux, nous sommes en présence d'une quaternité de deux couples, tendant vers la solidification de l'Enveloppe, la Manifestation.

Une troisième prise de cailloux nous fera connaître la nature polaire du Ventre de la première Mère que nous placerons sous les deux premiers étages : Tête et Cœur ; et enfin, une quatrième prise nous révélera la nature des Pieds, ou Racine terrestre de la Figure ainsi obtenue.

« Le Très-Haut plaça l'arcane de l'air entre le feu et l'eau. Il plaça l'arcane de l'eau entre l'air et la terre. » Ibn ARABI, *Alchimie du Bonheur Parfait.*

● ou ●●	TÊTE	△ Feu	La TÊTE correspond à l'Esprit, à l'Élément Feu.
● ou ●●	CŒUR	🜁 Air	Le CŒUR à l'Air, à la Sensibilité, à l'Oxygénation, à l'Espace. Assistance de l'Air.
● ou ●●	VENTRE	🜄 Eau	Le VENTRE à l'Eau, au Sentiment, au Temps, à la Psyché, à la Nutrition et à l'Eros
● ou ●●	PIEDS	▽ Terre	Les PIEDS correspondent à la Terre, à la Matière, à la Nécessité de sustention, à l'Affect.

Échelons d'une Figure géomantique

Cette Figure est l'un des seize tétragrammes géomantiques qui en tant que Première Mère a la même valeur que l'ascendant en astrologie. Elle peut être hautement révélatrice par elle-même ; il est cependant préférable de renouveler les quatre prises de sorte à obtenir la « Seconde Mère » qui va nous révéler la qualité du « Mercure » par rapport au « Soufre ». La Première Mère étant ignée, la Seconde est un feu liquide, fluidique, c'est la réaction extérieure de l'action intérieure du Soufre. La Seconde Mère est aussi terrestre et animique ; elle donne l'ambiance subtile d'un certain monde. Elle est l'expression de l'impulsion, l'activité transformatrice dans le milieu vital.

La fusion de deux Figures nous fait connaître l'Essence du rapport qu'elles entretiennent.

Procédé très simple, sachant que :

• •	&	• •	produit	• •
•	&	•	produit	• •
• •	&	•	produit	•
•	&	• •	produit	•

Il est nécessaire pour établir le thème géomantique, de tirer successivement les QUATRE MÈRES, c'est-à-dire de répéter quatre fois, avec un court temps d'arrêt entre chaque, les quatre prises formant une Figure.

Ces Quatre Mères doivent être disposées de droite à gauche. C'est en effet dans cet ordre qu'elles s'inscrivent dans l'Ecu géomantique, territoire d'activités spécifiques comprenant dans sa partie supérieure les douze maisons du Zodiaque plus trois maisons de synthèse (Témoins et Juge) auxquelles viennent s'ajouter parfois encore deux nouvelles maisons (de part et d'autre du Juge : le Juge auxiliaire ou Subjudex, et le Juge spirituel).

De la Montagne aux vastes étendues de sable, il s'est transmis d'autres procédés permettant d'obtenir ces Quatre Figures Mères.

CHAPITRE II

Écrits des Pierres sur le Chemin

L'usage de cailloux était connu en Perse, au Moyen Âge, et porte en Afrique le nom de *Ké-Cià-Cià*. Les pierres sont particulièrement recommandées dans un traité connu au XIIe siècle : l'*Estimaverunt Indi*, ainsi que le sable et l'encre parce que de même nature (élément terre). Les cailloux sont parfois remplacés par des graines ou des coquillages [3].

Le *Ram'l*, tracé de lignes superposées dans le sable, que l'on efface ensuite deux à deux, s'apparente au *Skidi* [4], consistant à frapper des points en ligne à l'aide d'une baguette, toujours sur le sable. Des groupes de quatre lignes de points ou de traits effacés deux à deux, on aboutissait aux Figures Mères.

De ces pratiques véhiculées dans les contrées désertiques de tout le Bassin méditerranéen est né l'*Almadel* [5], le plateau carré contenant le sable. Il n'est pas impossible que le tracé dans le sable, avant la filiation due aux occupations arabes de l'Inde et de la Perse, ait été connu de Bérose, le Chaldéen ; un *Traité anonyme* du XIIe siècle prétend même que le Christ en avait connaissance, lorsqu'il traçait « des signes sur le sol » dans l'épisode de la femme adultère. Barthélemy de Parme nous relate qu'un ange aurait appris la Géomancie aux fils de Noé, avant le Déluge. « Parmi les Prophètes, nous dit Alûsi (citations des *Sunan* d'Abû Dâwûd), il y en avait un qui pratiquait le 'Hatt [ou *Khatt*[6] : tracé d'une Figure Mère dans le sable]. Quiconque réussira à le faire conformément à son procédé saura ce que ce prophète savait. »

Des manuscrits plus tardifs rapportent la révélation des quatre Figures Mères originelles

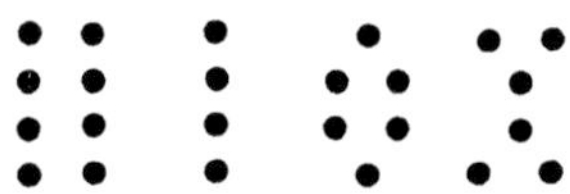

(dans l'ordre, de droite à gauche)

à « Hermès », identifié par Ibn Khaldûn à Idris, inventeur des signes et de l'écriture, par l'intermédiaire de l'ange Gabriel, sur la cime d'une montagne. Idris étant parfois identifié à Enoch, la filiation se serait faite ensuite par Tun-Tum El Indi, « géomètre » en qui B. Carra de Vaux a reconnu Ptolémée, puis par Halàf (ou Khalàf) « le Berbère », Mullah Nasr Eddin Hodja, jusqu'à Zenati, Ibn

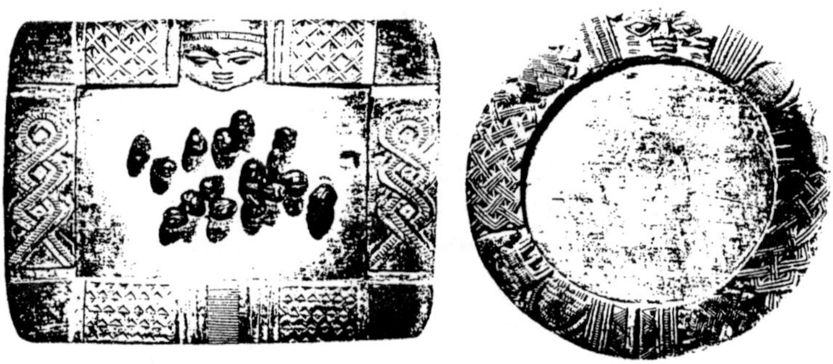

Plateaux de Fa (photos extraites de Ifa Divination, *W. Bascom-Bloomington, London Indian University Press, 1969)*

Mahfûf Al Munaggim, Abû Abdallah Az Zarrâti, auxquels on attribue les premiers traités écrits.

Ces quatre Figures Mères originelles se retrouvent dans le *Fa*, chez les Yoruba où elles sont les quatre racines du monde disposées sur la Croix (points cardinaux). Pour

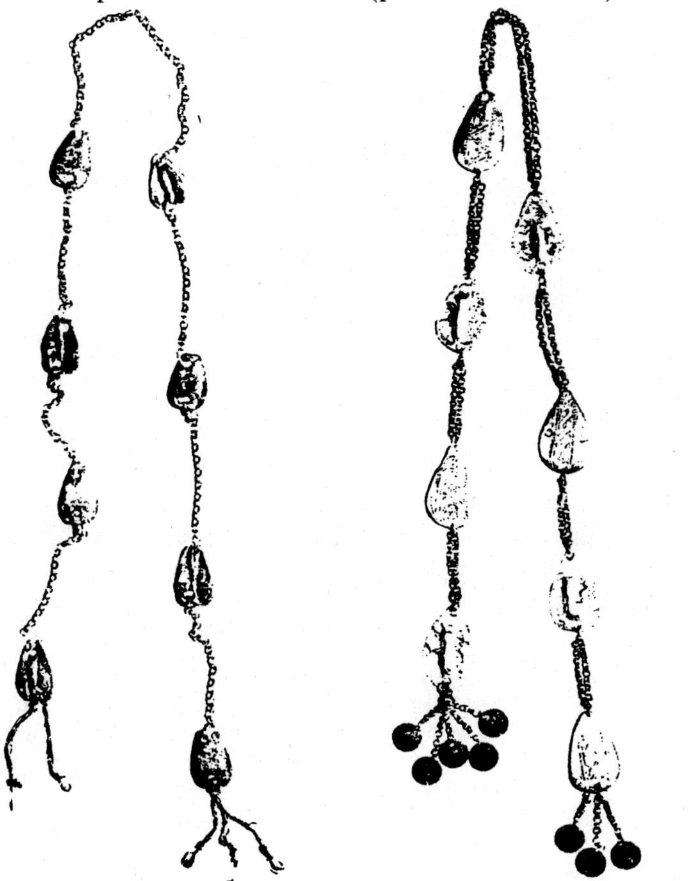

Colliers divinatoires (photos extraites de Ifa Divination *W. Bascom-Bloomington, London Indian University Press, 1969)*

les Yoruba, « celui qui connaît le Fa n'a pas besoin de regarder au plafond avant de donner l'interprétation adéquate ». Le nom de Fa (arabe : فَأْلٌ [fa'l^{un}] : sort, augure) est associé à Ifé ou Fé, la cité d'Orient ou « étoile de chacun » ou encore l'« étoile du Levant ». Al Aba ou Arraba « le Légendaire » aurait eu à Ifé, la garde de la « Pierre sur laquelle ont été tracés à l'origine les seize signes ».

Ifà est le maître d'aujourd'hui
Ifà est le maître de demain
Ifà est le maître du jour après-demain
A Ifà appartiennent tous les quatre jours
Établis par Òòsà sur terre.

Poème yoruba rapporté par Wandé Abimbola (Ifâ Kéé Kéé Kéé ou « Petits Poèmes d'Ifâ »).

Les Bokos ou géomanciens d'Afrique utilisent des cauris ou encore des noix de palme, dont le quartier ouvert et creux (tranche en l'air) signifie IMPAIR et le quartier bombé (tranche plaquée au sol) signifie PAIR. Ils connaissent également l'usage de l'agumega[7] ou chapelet divinatoire constitué de huit de ces noix.

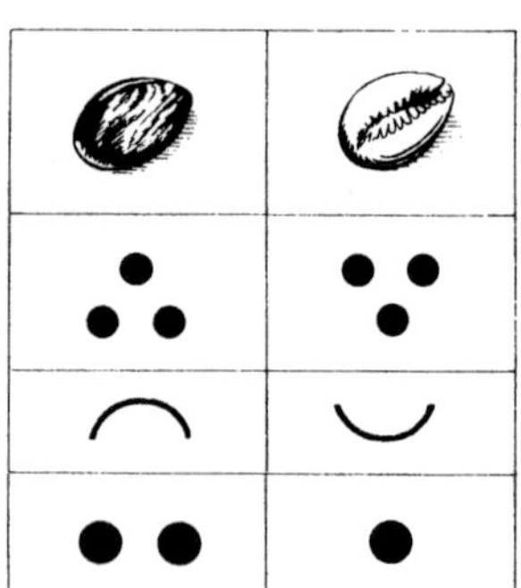

Du Fa au *Hing Fa*, art des formes et des situations, en Chine, qui se propose de déterminer les influences en harmonie avec le Ciel : le *Feng Shui* 風水, l'orientation, l'observation du sol par la science « du Vent et de l'Eau ». Les énergies vitales détectées sous la terre prennent le nom de Dragon vert et de Tigre blanc[8].

Dérivé du taoïsme et du chamanisme yin-yang, le *Yi-King* se compose de huit « Kouas » ou Trigrammes de Fou-Hi[9], et de soixante-quatre Hexagrammes (Figures à six « étages ») et joue sur la Quaternité

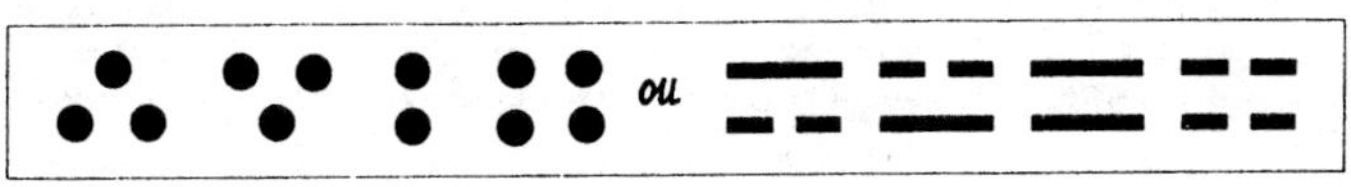

retrouvée par les généticiens modernes dans les soixante-quatre codons génétiques, et dans la structure dynamique du double couple d'opposition.

Yang Sioung, savant chinois du Ier siècle, auteur du « Classique de la Grande Obscurité » (*Taî Souan King*) pratiqua une forme différente de Yi-King à l'aide d'idéogrammes à quatre niveaux. Francis Warrain (*Physique, métaphysique, mathémathique, et symbolique cosmologique de la Géomancie*, éd. Véga, Paris, 1968) donne pour équivalents le trait continu (yang) et le monopoint géomantique, le trait brisé (yin) et le bipoint.

— *ou* ●

« caractérisant le rapport d'identité »

– – *ou* ● ●

« caractérisant le rapport de distinction et l'essence de la polarité ».

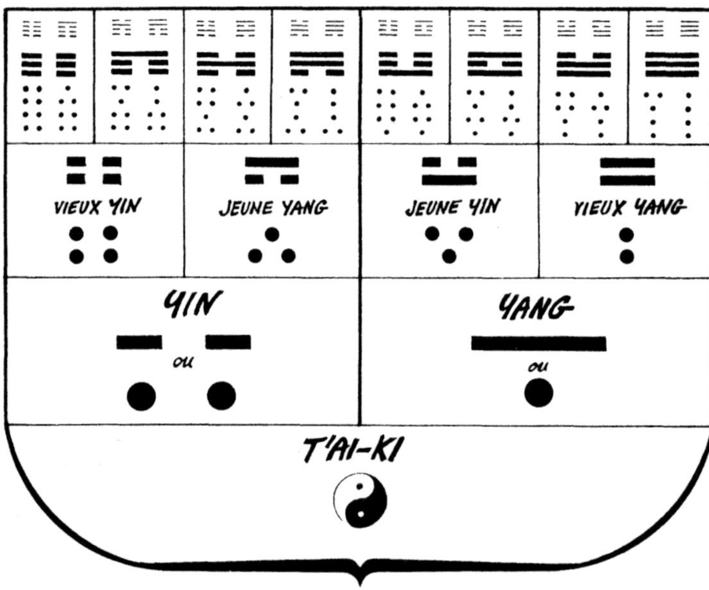

Ordre de génération des Pa-Koua de Fou-Hi
(d'après le Tche Yi Pen Yi*)*

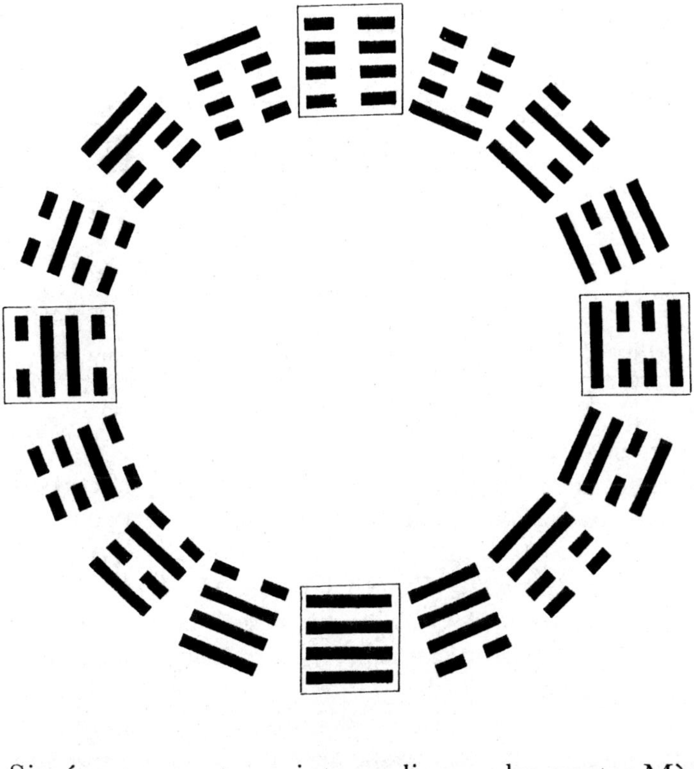

Situées aux quatre points cardinaux, les quatre Mères primordiales sont les Tétragrammes : 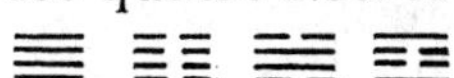

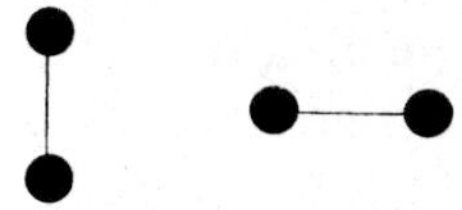

« La ligne verticale représente ce qui unit entre eux tous les états d'un être ou tous les degrés de l'Existence, en reliant leurs points correspondants, tandis que la ligne horizontale représente le développement d'un de ces états ou de ces degrés. » (René GUÉNON, *Le Symbolisme de la Croix*.)

Les seize Figures géomantiques illustrent l'action des deux Principes : ▬ ▬ et ▬▬ à travers les seize Koua, par l'intermédiaire des quatre Images :

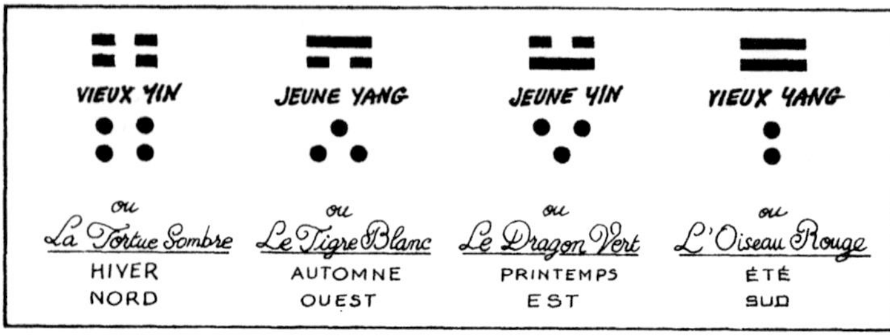

Parvenu jusque dans les villes, le tracé des lignes de points sur le sable se fit sur le papier. Nombreux sont les auteurs européens du Moyen Âge qui ont utilisé ce support. La sismographie du Corps/Terre se pratique dans un endroit calme, de préférence tourné vers l'est. Certains préconisent le vert ou le rouge comme couleur d'encre de préférence au noir. L'alignement spontané de petits bâtonnets évite les points parfois liés entre eux et qu'il est difficile ensuite de dénombrer. Le géomancien amène clairement dans sa pensée l'objet de sa question, qu'il formule éventuellement par écrit ; puis il se met à aligner sans compter une série de points ou traits sans s'arrêter et, dès que l'instinct l'y invite, il passe à la seconde ligne, et ainsi de suite, de manière à former quatre groupes de quatre lignes espacés d'un léger temps d'arrêt permettant de vérifier si le sujet de l'interrogation est toujours présent à l'esprit.

Enfin, certaines autres pratiques sont moins traditionnelles telles que l'énoncé « automatique » de nombres, soit quatre fois quatre nombres de 1 à 99 ou plus, soit quatre nombres consécutifs comportant chacun quatre chiffres, ou encore la percussion sur tambour (enregistrée au magnétophone, et ralentie pour le décompte) de quatre fois quatre séquences de percussions. Il existe aussi l'usage de dés, mais qui s'éloigne encore plus de la pratique originelle.

C'est aux alentours de l'an mil que la Géomancie pénétra en Occident, parallèlement aux conquêtes « sarrasines » de Tariq ibn Ziyad, puis aux règnes des califes Abd ar-Rahman (I, II et III), Al-Mansour, Al-Hakam (I et II) en Espagne, et plus particulièrement dans l'aura des soufis d'Andalousie, et des savants encyclopédistes, médecins, mathématiciens, astrologues, alchimistes, philosophes et poètes nourris d'Hermès, de Platon, de Pythagore...

Il est probable qu'elle a connu une grande vogue lors du rayonnement culturel et artistique des universités de Damas et du Caire, avant d'atteindre l'Afrique du Nord où elle était connue des anciens chrétiens d'Ifriqiyya et d'Al-Maghrib.

Le nom de Jâbir ibn Hayyân al-Tarousi (parfois appelé Al-Kûfi, Al-Tusi, Al-Tarsûsi, ou encore Geber par les Latins), que l'on dit « père de l'Alchimie arabe », y est associé dès le VIIIe siècle. Esotériste et mystique, il cite dans ses œuvres Apollonios de Tyane [10], Marie la Copte, Aristote, Platon ainsi que de nombreux prophètes ; il aurait été le disciple de l'imâm Ja'far al-Sâdiq, de Médine.

Avant les troubles qui amenèrent la chute des omeyyades, la Géomancie dut être connue de l'école d'astrologie d'Abou'l-Cacem Maslema, fils de Majrîti (mort en 1007), astrologue alchimiste né à Cordoue sous le règne d'El-Hakem-el-Mostancer, grand souverain omeyyade mort en 976, et dont les principaux élèves : Ibn és-Semh, Ibn és-Saffar, Ez-Zehraouï, El-Karmini, rayonnèrent dans toute l'Andalousie.

Sans doute était-elle déjà là un ou deux siècles auparavant à Al-Mariyya (qui signifie : « Le Miroir » — l'actuelle Almeria), l'un des premiers ports de l'émirat de Cordoue, autour d'Ibn Massara et du foyer ésotérique de l'école soufie très influente qui y était implantée, et dont les plus grands disciples furent Abû Bakr al-Mallorquin, de Grenade, Ibn al-Arif puis le vizir poète Abû Mohammad'Ali ibn Hazm, auteur du *Collier de la Colombe*, Ibn Bâddja (Avempace), auteur de l'inachevé *Régime du Solitaire*. Ces « tariqas » étaient alors appelées : « gouttes de mercure dans le courant du vif-argent ».

Dans les écrits d'Al-Kindî (mort à Bagdad en 873), astrologue, métaphysicien, musicien, philosophe et géomètre, qui deviendront célèbres dans tout l'Occident médiéval, et notamment dans le fameux *Traité des rayons*, on lit : « Toute figure actuelle, et même toute forme imprimée dans une matière élémentaire engendre des rayons qui opèrent des mouvements dans les autres choses » — et encore : « Est réputé Sage celui qui perçoit ce qu'il y a de moins perceptible dans les choses et leurs conditions. »

L'on devra à l'un de ses nombreux disciples : Abu Ma'Shar, la théorie de la procession des formes réglée par le mouvement et le rayonnement des astres.

Vers la fin du XIIe siècle, le *Ruh-Al-Quds* du grand shaykh Abû Bakr Mohammad ibn al-Arabi (surnommé Mohyi'd-Dîn ou Ibn Aflatûn, « Fils de Platon ») témoigne de l'effervescence de la spiritualité soufie à Séville.

Il est encore probable que la Géomancie ait figuré parmi la somme de traductions plus anciennes des maîtres syriens de Gondé-Shâhpour : Qosta ibn Luqà, de Ba'albek (mort en 912) est connu pour ses traductions de traités ésotériques incluant les arts divinatoires. Il est à mentionner également les traducteurs de Bagdad et de Balkh dont les sources écrites remontent non seulement aux Grecs, mais aux bouddhistes, aux nestoriens, aux zoroastriens et aux hindous.

L'algèbre (*al-Jabr*), bien qu'ayant eu d'éminents docteurs islamiques, est d'origine indienne. Ajoutons que toutes ces disciplines (algèbre, science des lettres, sciences de l'optique et des miroirs, géométrie, astronomie, architecture, musique, etc.) étaient entendues sous un rapport métaphysique d'interdépendance, qui empêchait de les isoler les unes des autres comme cela s'est pratiqué à partir de la Renaissance.

Al-Pharino (appelé aussi : Alfakinus) établit des tableaux de correspondances symboliques géomantiques inspirées du *Da'Wah*, science des Lettres et des valeurs numériques. Hugo Sanctalliensis (appelé aussi : Hugues de Santalla), traducteur d'Al-Kindi, de Ptolémée, d'Al-Bumasar, d'Al-Biruni, d'Aristote, correspond avec l'évêque de Tarrazona, et sera reconnu comme le plus grand géomancien provençal médiéval. Du Nord-Ouest de l'Espagne, la Géomancie gagne l'Italie et rayonne dans toute l'Europe. Les auteurs connus du XIIIe siècle sont : Guillaume de Morboeke, Barthélemy de Parme, Gérard de Sabionetta, Bernard Sylvestre. En 1265, traduction en grec de Zénati par le moine Arsénios.

Dante fait allusion à la Géomancie dans le XIXe Chant du Purgatoire de la *Divine Comédie*. Le traité d'Abdallah ben Ali Mah'fuf al-Munaggim, astrologue et géomancien (mort en 1265) est traduit dans la première moitié du XIVe siècle. Jacques de Guise, moine à Valenciennes, rédige les *Annales du Hainaut* dans lesquelles il expose quatre thèmes géomantiques concernant le roi Bavo, roi de Phrygie, à qui il attribue la fondation du Comté. Benvenuto da Imola s'intéresse aux *Traités indiens & sarrazins*. Jean de Serravalle traduit en latin la *Divine Comédie* et témoigne de l'usage courant de la Géomancie chez les Sarrazins et les nations orientales. Pietro d'Abano (mort en 1303), introducteur de l'averroïsme en Lombardie, écrit une *Geomantia*.

Au XVe siècle : Roland l'Écrivain, médecin et astrologue (à Paris et dans les États du duc de Bourgogne), Haly le Rhodhoan, maître Guilhem, le cheikh Tarabolosi, Al-Barki, Al-Hama Dami, Al-Kordi, Al-Berberi, Al-Akavi, Platon de Tivoli, Michel Scott, astrologue géomancien traducteur des ouvrages d'Avicenne et d'Aristote, Salio de Padoue traducteur de l'Arabe Al-Basarith (ou Johannes Albusaïz), Bartolomeo Cocles. Jean de la Taille de Bondaroy publie une *Géomancie abrégée* tandis que le célèbre astrologue Rabbi Abraham ibn Ezra écrit un *Traité géomantique* et que Moïse Galliano en fait mention dans son *Livre des Sorts*. Thomas d'Aquin et Pic de la Mirandole commentent la Géomancie avec réserve et Chaucer donne un rôle aux Figures dans un passage de ses *Contes de Canterbury*. Puis nous la voyons apparaître chez Rabelais, dans un chapitre du *Tiers Livre* où Panurge « se conseille à Her Trippa ».

Au XVIe siècle : *La Géomancie*, de Nicolas Monel, de Guillaume de la Taysonnière. En 1617, *Utriusque Cosmi*, de Robert Fludd, suivi de l'*Opus Geomantiae Completum* et du *Fasiculus Geomanticus*, du même auteur, et quelques pages sur la Géomancie dans l'œuvre d'Henricus Cornelius Agrippa. « La Perle Brillante » d'Ahmad ibn Abn al-Barr.

Au XVIIe siècle, Jean Belot, « Curé de Mil Monts », de Perruchio, H. de Pisis. Gaspar Peucer, le comte de Pagan et Claude François de Ménétrier attaquent les géomanciens tandis que l'œuvre de Nasr al-Din Mohammad Altoûsi, traduite par Al-Mahdi révèle l'*Ilm Al Raml*, traité de connaissance par les Figures formées dans le sable.

A peu près à la même époque, les Antisaka ainsi que les Zana Malata du Nord-Ouest et les Forbans, à Madagascar, ont recours au *Zafind'Raminia* (introduit vers 1580 dans l'île, sous le règne d'Adriamanelo). En 1710, le géomancien Adeleye (ou Adéloï) provoque la pluie en manipulant les « noix de palme » sur l'ancienne côte des Esclaves, sous le règne d'Agaja.

Au XVIIIe siècle, on cite un traité dû à Ahmad ibn al-Barr et un *Abrégé de géomancie* de Colonna. Au XIXe siècle, Nicolas Perron en voyage au Darfour traduit Ibn Omar al-Tousî et le docteur J.-C. Mardrus, traducteur des *Mille et Une Nuits*, s'y intéresse vivement.

Au XXe siècle, on trouve *La Géomancie chez les Arabes*, le « Rabolion » (le Ram'l « francisé ») par le baron Carra de Vaux, et Paul Tannery (*Mémoires scientifiques*, tome IV, Paris, 1920), « Traités de géomancie arabes, grecs et latins ». En 1936, les frères Delatte parlent d'un « Traité byzantin » (*Mélanges Franz Cumont*). Aleister Crowley y consacre un chapitre dans *Magick* (*Geomancy*) ainsi que son disciple I. Regardie.

L'ethnologue Bernard Maupoil séjournant dans le Bas-Dahomey en 1935 rencontre le Bokono Gedegbe (que l'on voit photographié à la fin de *La Géomancie à l'ancienne côte des Esclaves*) et décrit en détail la pratique du Fa et son panthéon. Il évoque le personnage de Zùno, géomancien surnommé « Roi de la Nuit », originaire de Porto-Novo, venu à Paris lors de l'Exposition de 1900.

G. Mercadier (*Bulletin de Liaison saharienne*, 1952) décrit le procédé nommé *Gzana* pratiqué au Tidikelt par les femmes Tisumbabatin : « C'est à la Lune croissante ou pleine, le vendredi de préférence, de l'aube à 9 heures ou entre 16 et 18 heures, que l'opération a lieu. » Maurice Lelubre parle d'un procédé voisin (l'*Ig'ehân*) utilisé couramment par les Touaregs. Des observations du même ordre sont rapportées sur le Ram'l par V. Cruzet (*Revue Tunisienne*, 1920) ; sur le Sikidy par Raymond Decary, J.F. Rabedimy, Gabriel Ferrand (*Journal asiatique*, 1905) ; sur le Fa par Abayomi Colo, J.O. Clarke, le missionnaire Kehren, A. Le Hérissé, Trautmann. Une Géomancie dérivée du Fa, habitée par le Vaudou, existe chez les Orishaï, au Brésil.

La Géomancie retrouvée de Rougie [Don Néroman] (éd. Sous le Ciel, 1948) propose un remaniement des valeurs de la Géomancie, extrêmement détaillé et fort intéressant, sous forme de dialogue entre le jeune prince Agib, fils du Sultan, et le mage Douban. Certaines Figures y subissent cependant une interversion par rapport à la Tradition médiévale. Il en va de même dans les correspondances astrologiques de Hadji Khamballah, dont le *Traité de géomancie* (éd. Vega, 1976) [voir à ce propos l'article de Maurice Privat dans les *Cahiers astrologiques*, n° 29, 1949]. De la *Géomancie magique* de Robert Ambelain (éd. Adyar, 1940) au *Traité de Géomancie magique* d'Armand Barbault, il y a les études partiellement publiées de Francis Warrain, le très complet *Traité de Géomancie* du colonel E. Caslant (éd. Vega, 1935), astrologue, géomancien et stratège, *La Géomancie d'Haly* d'Avripat [Juges et Témoins] (éd. Médicis, 1938). Citons encore : Th. Terestchenko : « Géomancie et astrologie et leurs rapports avec la science des nombres» (*Cahiers astrologiques*, n° 1, nouvelle série, 1946); Marianne Verneuil : *Dictionnaire des sciences occultes* (éd. de Monaco); Gwen Lescouezec : *Encyclopédie de la Divination* (éd. Tchou, 1965); Paul Bouchet : *La Divination par les nombres*, arithmancie adaptée au druidisme; une *Astrologie* de G. Muchery (interprétation tirée de Crémone); *La Géomancie* d'Alain Le Kern, très honnête petit traité (éd. du Rocher, Monaco, coll. «Gnose»); les remarquables recherches bibliographiques poursuivies par Thérèse Charmasson (*Recherches sur une technique divinatoire : la Géomancie dans l'Occident médiéval*, éd. Droz, 1980); et une mention de la Géomancie dans plusieurs ouvrages de Daniel Giraud, dont l'admirable *Le Soleil, le Cœur et l'Or - Introduction à l'inter-fusion Astrologie-Alchimie* (éd. Cohérence, Strasbourg, 1983). Enfin, pour l'anecdote : la pratique du thème géomantique se trouve évoquée au début du film *Les Soleils de l'île de Pâques* de Pierre Kast.

De nombreux livres ont été écrits sur la Géomancie; très peu en rapportent le témoignage vivant d'une initiatique. Dans la nuit des temps, la transmission originelle des Figures Mères est attribuée d'un ange à un prophète, sur le sommet d'une Montagne. Symboles universels d'une connaissance ésotérique entre Ciel et Terre. Lecture dans les pierres tombées du Ciel, d'une Sagesse révélatrice toute englobante. Support par lequel s'exprime le «Guru en Soi[11]», la Géomancie aide à prendre conscience de notre Être total en restituant une ordonnance du Monde hors du Temps et des Phénomènes, dans une confirmation d'intuition et de révélation subtiles, auxiliarité voilée à la pensée vulgaire. À la lumière de cette

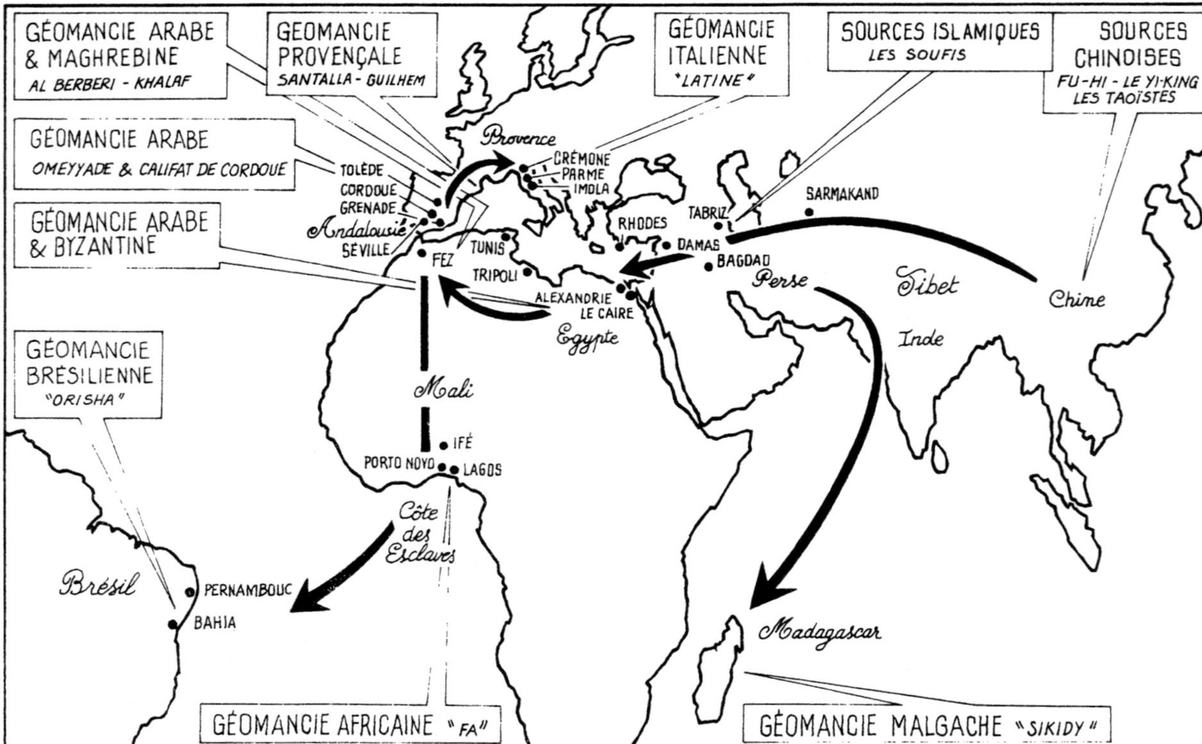

Carte du voyage géomantique

approche, les signes vont intervenir « à point nommé » dans le cours de notre existence.

En rejoignant le « cogitum » primitif en rapport avec la lecture d'idéogrammes, qui sont une manière d'alphabet dynamique en gestation, nous nous mettons à l'écoute des vibrations, des mouvements et des formes qu'ils font naître.

« Toute chose, toute difficulté, si pénible soit-elle, ''se calme'' au contact de Fa ; quelle que soit sa gravité. Elle se fera légère et fraîche », disait Zûno, le géomancien africain.

L'attention mise en éveil, qui discernera une trame relationnelle dans le thème, et d'où se tire l'interprétation « divinatoire », ne peut être séparée de l'énergie même du retour vers le point central, irradiant, d'où est contemplé le développement psychocosmique de la conscience lumineuse. La substitution de cette attention aux sollicitations échafaudées du monde extérieur ne peut engendrer qu'un état neuf.

Avant d'aborder le Chant des Figures, il nous faut nous familiariser avec :

— l'Écu ;
— la manière de distribuer les Figures dans cet Écu ;
— le nom de chaque Maison et ce qu'elle concerne ;
— la pratique des Maisons dérivées, qui tient une place importante en Géomancie ;
— les Aspects et Passations de Figures ;
— la Part de Fortune ;
— la Voie de Points.

CHAPITRE III

Cailloux du Ciel en Moules de Terre (inscription des Figures dans l'Écu)

L'Écu géomantique vise à mettre l'âme à l'abri des influences dissolvantes et à les consteller positivement. Il est parfois appelé l'« Éventail », symbole de déploiement de la forme, et écran, blason, bouclier ou mandala protecteur.

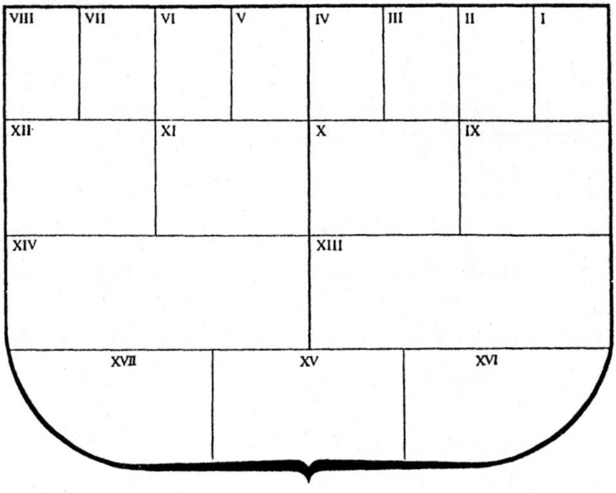

L'Écu géomantique de Tradition orientale

Il en existe d'autres variétés, telle celle, prisée par la tradition occidentale de « Géomancie astronomique » (sieur de Salerne, Gérard de Crémone...), qui consiste en l'ancienne disposition du Zodiaque, en carré, qui fait ressortir les axes du Méridien et de l'Horizon (I - VII et IV - X). Elle pourra s'avérer utile, parallèlement à l'Écu oriental, en permettant de dégager instantanément les quatre angles d'un thème :

— I : Ascendant ;
— IV : Fond du Ciel ;
— VII : Descendant ;
— X : Milieu du Ciel.

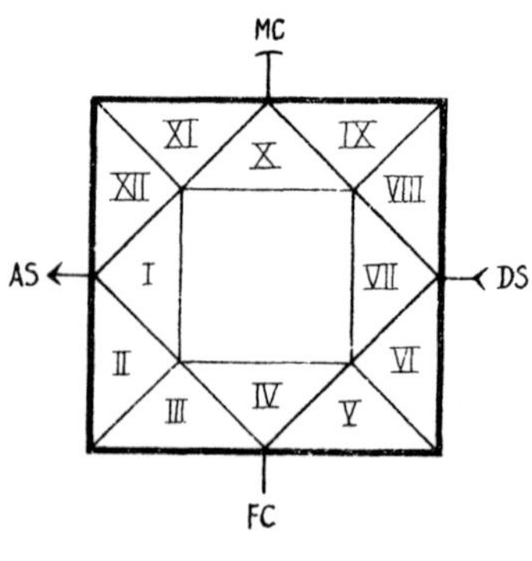

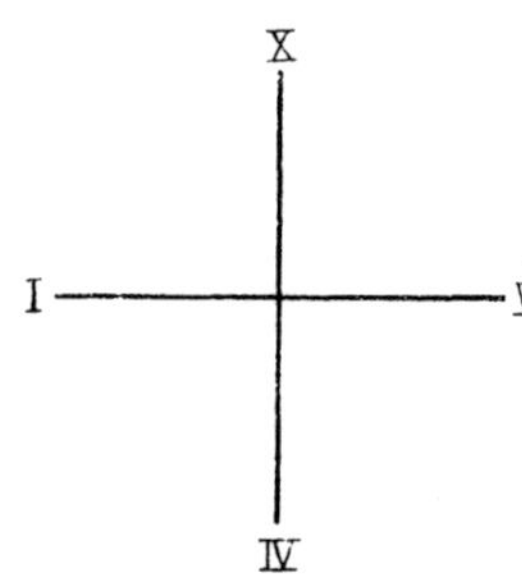

La réalisation de l'énergie représentée par la Figure I (à l'Ascendant) dépendra du concours (association, aide ou opposition) de la Figure occupant la VII, dans le rapport de soi-même à autrui ; de la IV à la X, nous allons des origines, des difficultés ou aides internes, à la réalité du monde en X (difficultés ou aides externes).

Il existe aussi, lorsque l'on utilise les aspects astrologiques, une disposition en cercle des douze premières Figures, ainsi que des variantes de l'Écu oriental (tracé sous forme de triangle, pointe en bas).

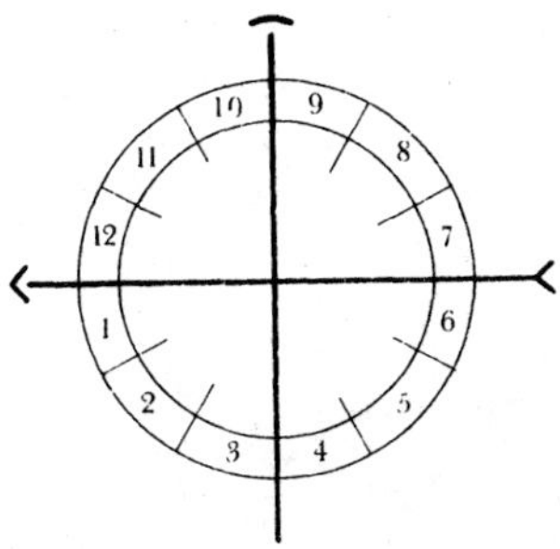

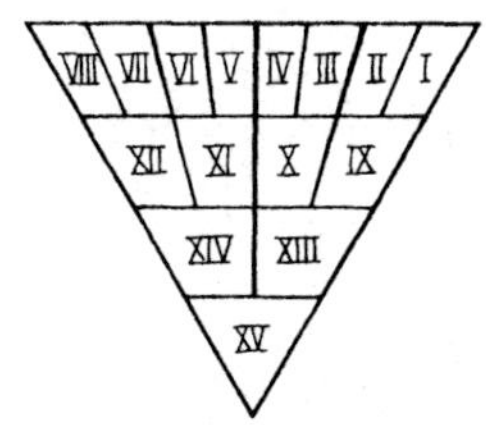

« Par l'"Élixir de la Providence",
quand il est soudain projeté
à la face de l'ennemi
selon une balance bien calculée,
dans l'instant il te revient soumis
sur la voie de l'amitié,
grâce au jugement et au décret.
La juste mesure (de l'Élixir) l'a guéri tout à fait ;
car la sage Balance est notre loi
qui à cette fin fut édifiée.
Aussi prends garde en alchimie
aux proportions déterminées,
tant il y a de multitude enfouie
dans le monde des formes finies.
Sois clairvoyant en ce bel art
si tu y portes le regard.
Que les penchants à tout examiner
ne t'écartent pas du vrai chemin,
tu rejoindras des anges immaculés
en surpassant le rang du genre humain. »
Prologue à *L'Alchimie du Bonheur Parfait* (trad. par S. Ruspoli).

Les quatre Figures Mères s'inscrivent donc dans les

quatre premiers réservoirs, ou Maisons I, II, III, IV, dans l'ordre de succession où elles sont apparues.

Pour passer dans la partie gauche, en haut (de V à VIII), il va falloir « tirer la Relation à angle droit ». Les réservoirs V, VI, VII, VIII sont dénommés les Filles, exprimant les tendances que les Mères font naître.

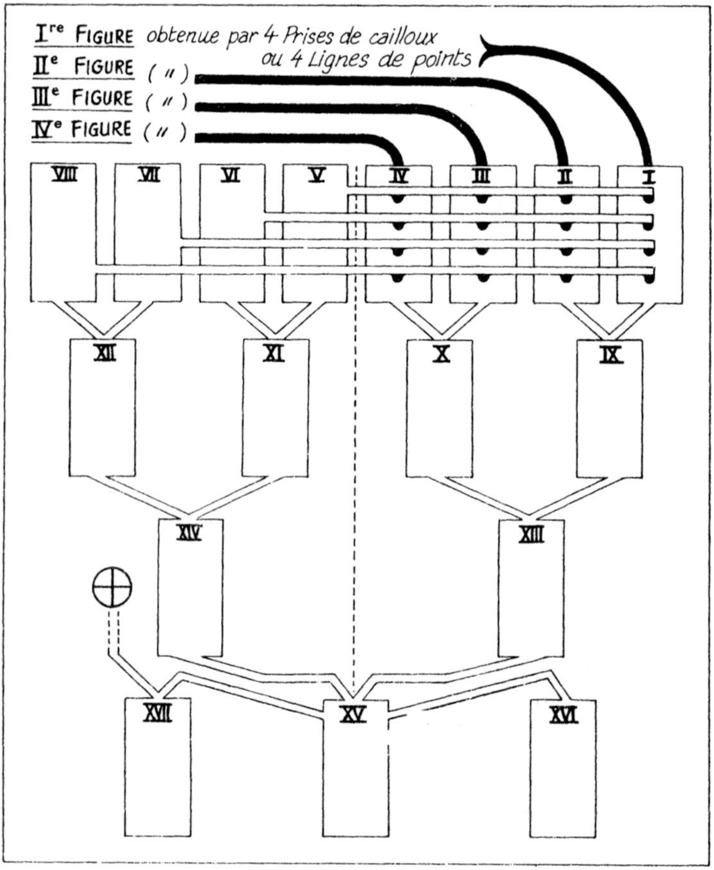

Tableau de la distribution alchimique des Figures dans l'Écu

La première Fille (ou V) sera construite en superposant :

— TÊTE : Tête de la première Mère ;
— CŒUR : Tête de la deuxième Mère ;
— VENTRE : Tête de la troisième Mère ;
— PIEDS : Tête de la quatrième Mère.

La seconde Fille (ou VI) sera obtenue en superposant :

— TÊTE : Cœur de la première Mère ;
— CŒUR : Cœur de la deuxième Mère ;
— VENTRE : Cœur de la troisième Mère ;
— PIEDS : Cœur de la quatrième Mère.

La troisième Fille (ou VII) sera obtenue en superposant :

— TÊTE : Ventre de la première Mère ;
— CŒUR : Ventre de la deuxième Mère ;
— VENTRE : Ventre de la troisième Mère ;
— PIEDS : Ventre de la quatrième Mère.

La quatrième Fille (ou VIII) sera obtenue en superposant :

— TÊTE : Pieds de la première Mère ;
— CŒUR : Pieds de la deuxième Mère ;
— VENTRE : Pieds de la troisième Mère ;
— PIEDS : Pieds de la quatrième Mère.

A l'étage inférieur de l'Écu, les quatre dernières Maisons du Zodiaque : IX, X, XI et XII, seront obtenues par fusion algébrique des Mères et des Filles, prises deux à deux. Ces Figures IX, X, XI, XII sont appelées les Nièces.

A l'étage encore inférieur de l'Écu : Maisons XIII et XIV, nous trouverons les deux Témoins (droit et gauche) en fusionnant les deux premières Nièces (IX et X) pour obtenir le Témoin droit (ou XIII), et en fusionnant les deux autres Nièces (XI et XII) pour obtenir le Témoin gauche (ou XIV).

Le Juge, ou Figure XV, est obtenu de la même manière, par la fusion des deux Témoins.

Voici un exemple complet de construction de thème :

— Première série de prise de cailloux :

14 cailloux = nombre pair = • •
14 cailloux = nombre pair = • •
15 cailloux = nombre impair = •
12 cailloux = nombre pair = • •

— Deuxième série de prise de cailloux :

20 cailloux = • •
18 cailloux = • •
12 cailloux = • •
12 cailloux = • •

— Troisième série de prise de cailloux :

15 cailloux = •
14 cailloux = • •
15 cailloux = •
13 cailloux = •

— Quatrième et dernière prise de cailloux :

16 cailloux = • •
15 cailloux = •
17 cailloux = •
9 cailloux = •

Nos quatre Figures Mères sont donc :

I	II	III	IV
• •	• •	•	• •
• •	• •	• •	•
•	• •	•	•
• •	• •	•	•

Nous aurions pu obtenir ces quatres Figures en traçant des lignes de points ou traits de la manière suivante :

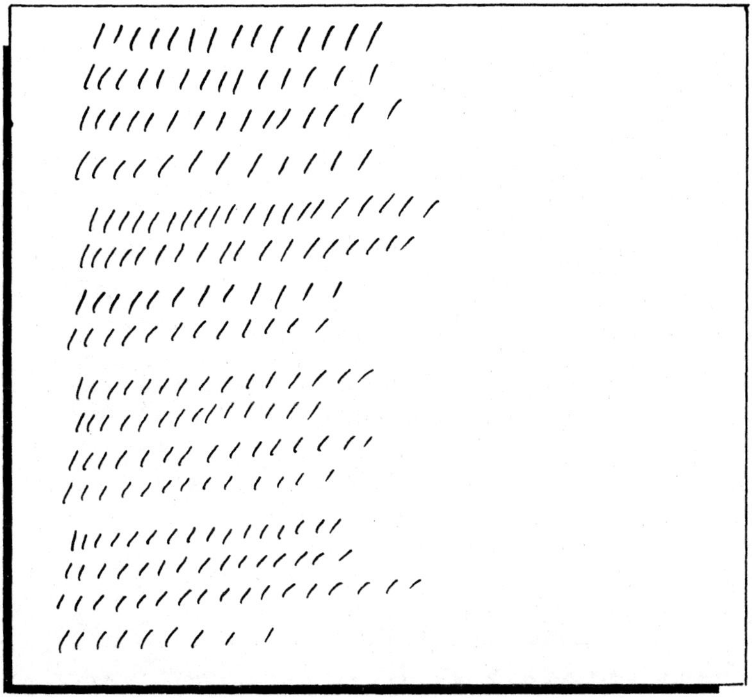

— I. Première ligne = 14 traits = • •
Deuxième ligne = 14 traits = • •
Troisième ligne = 15 traits = •
Quatrième ligne = 12 traits = • •

— II. Première ligne = 20 traits = • •
Seconde ligne = 18 traits = • •
Troisième ligne = 12 traits = • •
Quatrième ligne = 12 traits = • •

— III. Première ligne = 15 traits = •
Seconde ligne = 14 traits = • •
Troisième ligne = 15 traits = •
Quatrième ligne = 13 traits = •

— IV. Première ligne = 16 traits = • •
Seconde ligne = 15 traits = •
Troisième ligne = 17 traits = •
Quatrième ligne = 9 traits = •

Inscription des quatre Mères dans l'Écu :

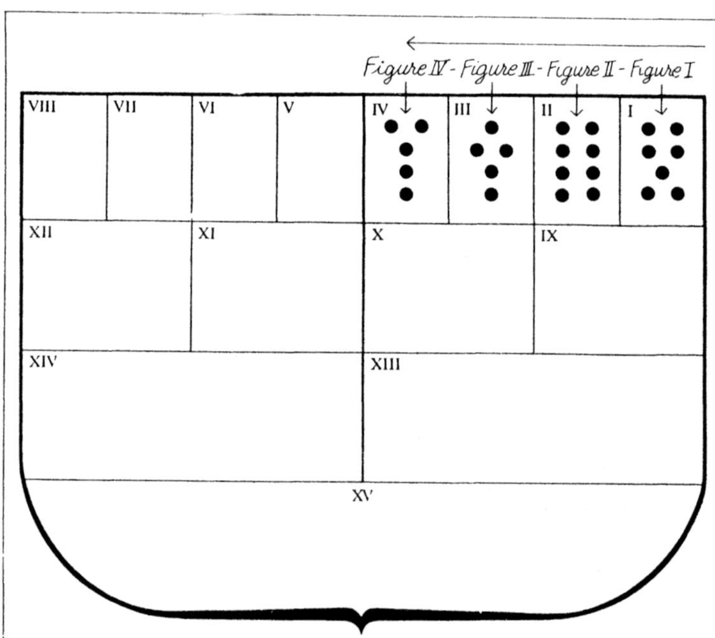

Inscription de la première Fille en V :

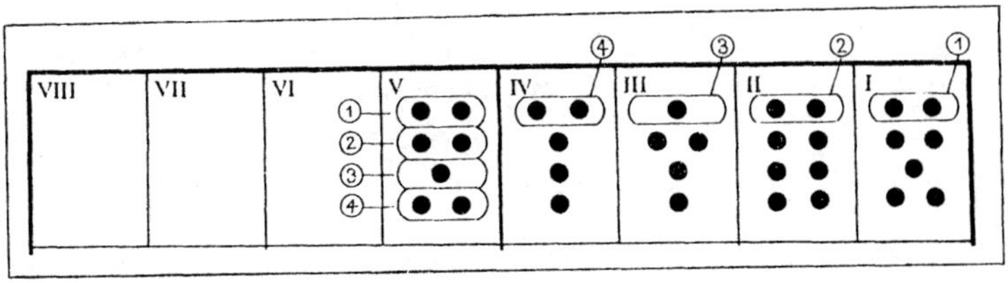

Inscription de la seconde Fille en VI :

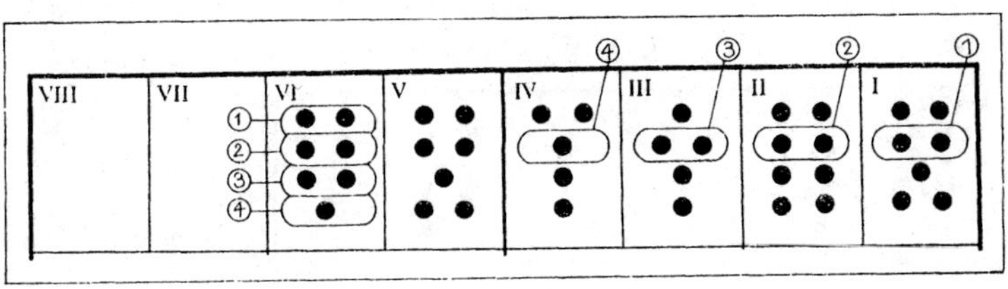

Inscription de la troisième Fille en VII :

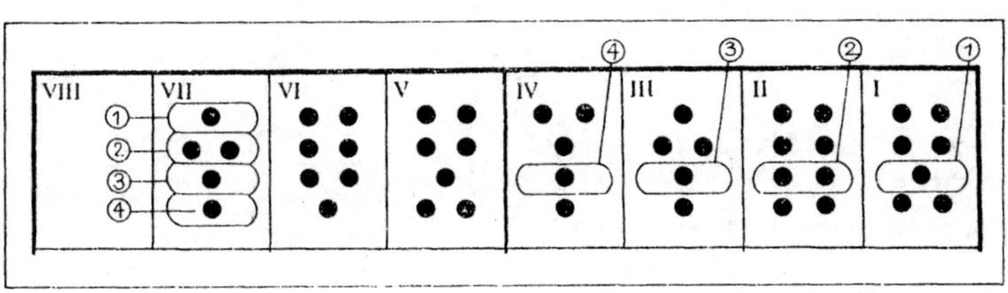

Inscription de la quatrième Fille en VIII :

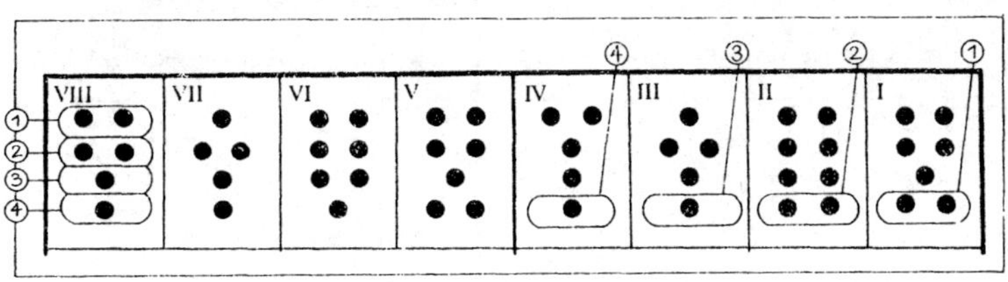

Inscription de la première Nièce en IX :

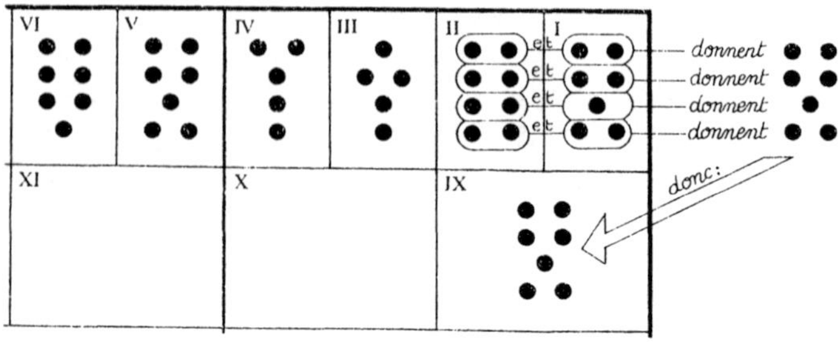

Inscription de la seconde Nièce en X :

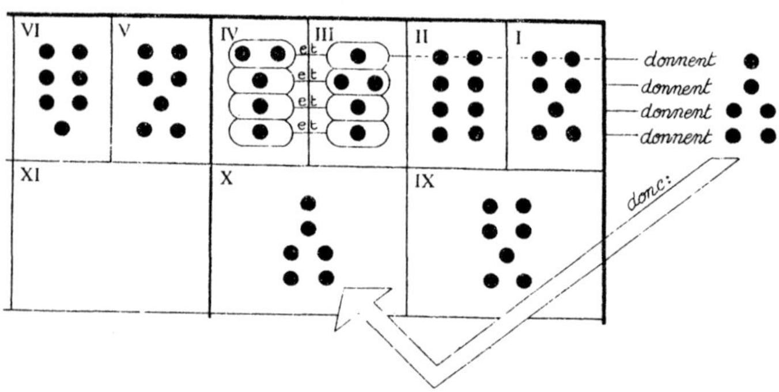

Recourant au même procédé de fusion pour les troisième et quatrième Nièces, nous obtenons :

Troisième Nièce en XI :

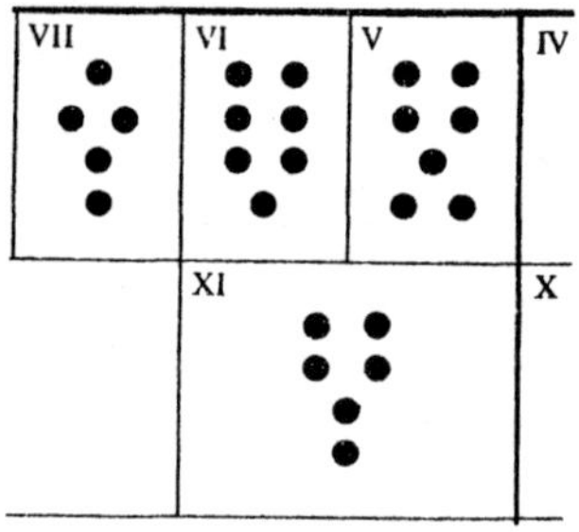

Quatrième Nièce en XII :

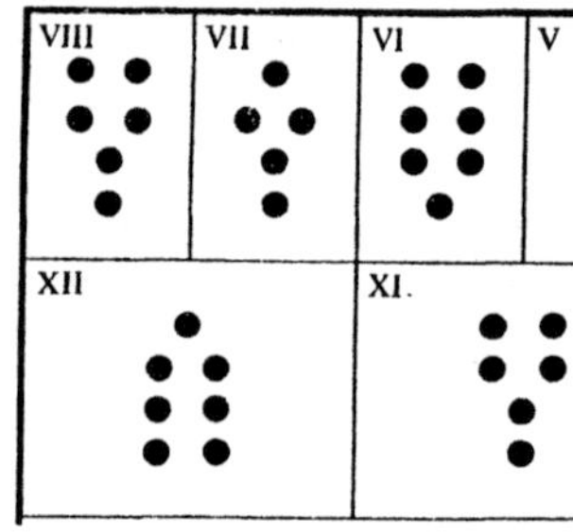

Inscription du Témoin droit, par le même procédé :

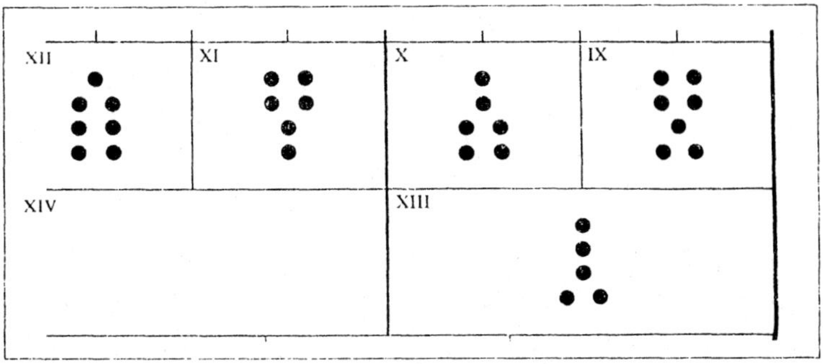

Inscription du Témoin gauche :

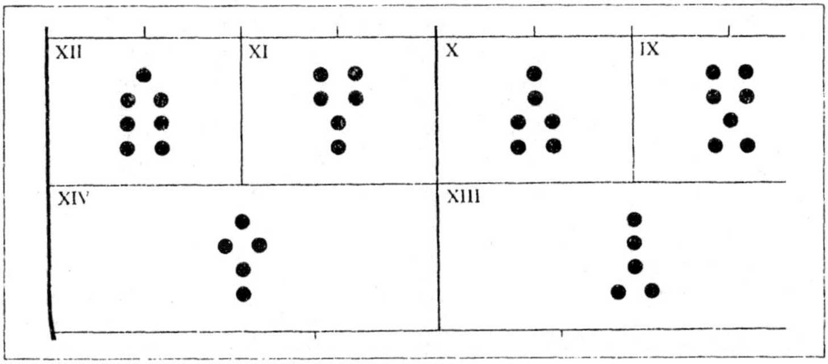

Inscription du Juge, en XV, issu des deux Témoins :

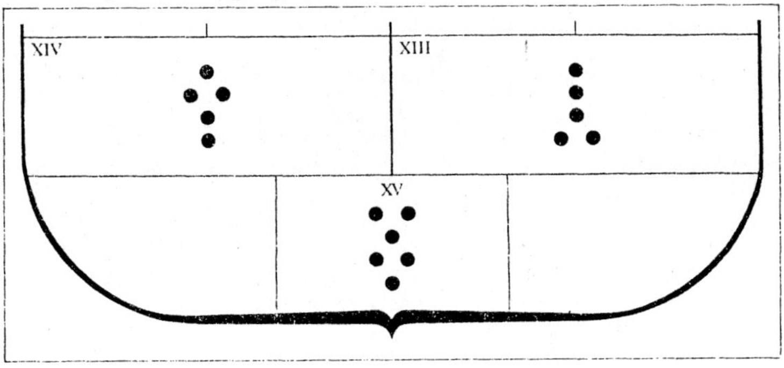

Ensemble du Thème réparti dans les XV Maisons de l'Écu :

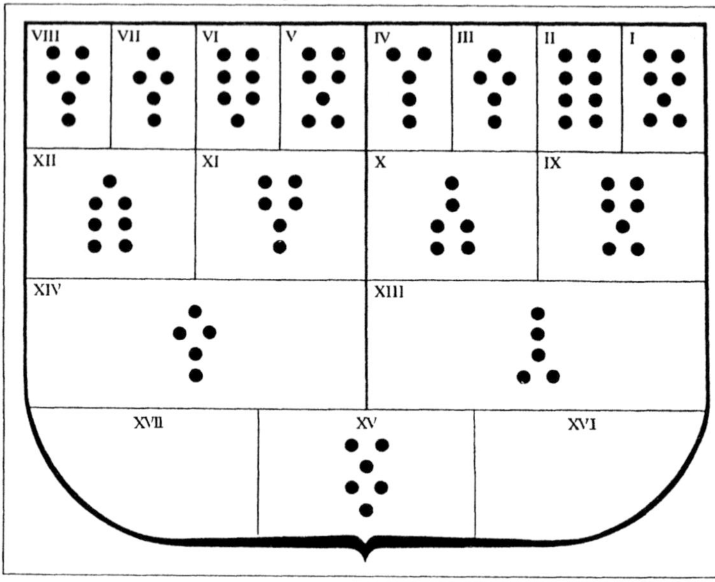

Inscription des Figures XVI et XVII :

La Figure XVI est obtenue par fusion du Juge (XV) avec l'Ascendant (I) :

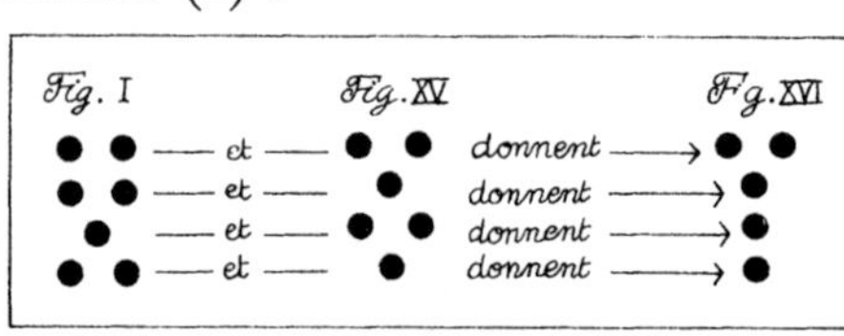

La Figure XVII est obtenue par fusion du Juge avec la Maison dans laquelle tombe la Part de Fortune. La Part de Fortune s'obtient en totalisant l'ensemble des cailloux, ou la totalité des points ou traits ayant servi à créer les Figures, c'est-à-dire :

14 + 14 + 15 + 12 + 20 + 18 + 12 + 12 + 15 + 14 + 15 + 13 + 16 + 15 + 17 + 9 = 231

puis en divisant ce total par 12 : 231 : 12 = 19

Le reste de la division est 2. C'est donc en Maison II, et en signature de la Figure II, qu'échoit ici la Part de Fortune, qui est symbolisée par : ⊕.

Dans le cas où il n'y a pas de reste à la division, la Part de Fortune tombe dans la Maison XII.

La Figure XVII sera donc :

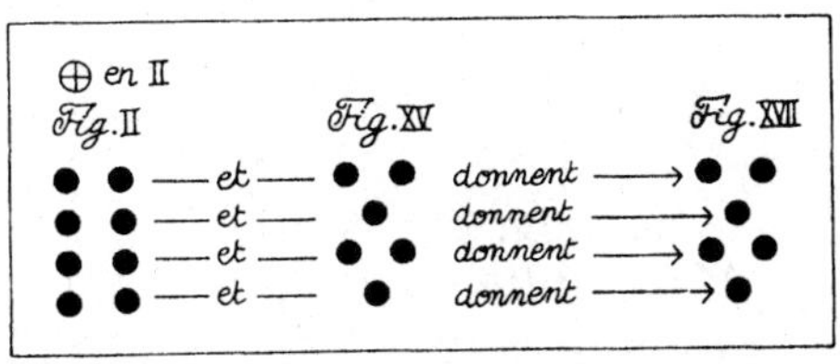

Thème complet :

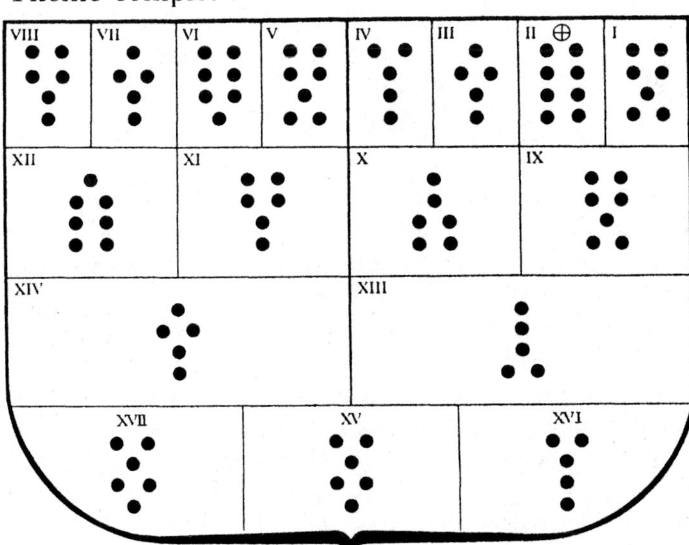

La Part de Fortune ⊕ donne un relief particulier à la Figure (selon sa nature) dans la Maison qu'elle occupe. Elle survient en tant qu'axe du thème dans la Maison concernée par la question posée. Signalons que Don Néroman la considère comme correspondante avec la Maison du thème astrologique de naissance, du sujet dans laquelle elle intervient. Il s'ensuit alors une nouvelle numérotation des Maisons de l'Écu. (Par exemple, ici la ⊕ est en II, mais dans le thème astrologique de naissance, elle est en III. Don Néroman considère la Maison II de l'Écu comme la III, par conséquent, la I de l'Écu comme la II, la III comme la IV, etc.) C'est une originalité qui n'apparaît pas dans la majorité des traités de Géomancie, et qui suppose la connaissance de son thème astral, ce qui n'est pas toujours le cas ; aussi nous en tiendrons-nous à l'ordre des Maisons tel que figuré ci-dessus. Dans notre exemple, la Part de Fortune concerne donc la II.

Du latin *pars fortunae*, elle indique « le quotient de faveur que réserve le Ciel » (Michel de Socoa, *La Part de Fortune*, éd. Traditionnelles, 1983).

Une méthode différente de calcul de la Part de Fortune : on additionne les points des Figures des douze premières Maisons, on divise ce total par 12, et on considère également le reste comme indication. Cette méthode peut être utile pour le cas où l'on n'a pas relevé le nombre total de cailloux ramassés, n'ayant pris en compte que les quatre Figures Mères. Il nous apparaît cependant, à l'épreuve de centaines de thèmes établis selon le premier procédé (total de tous les cailloux ramassés ou de tous les traits ou points ayant été jetés sur le sable ou la feuille de papier), que celui-ci se révèle tout à fait viable.

La Voie de Points s'inscrit en unissant d'un trait les Figures placées sur l'Écu dont un étage élémentaire est commun, ceci en partant du Juge ou XV.

Les Voies de Points sont comparables aux branches et

rameaux d'une sorte d'arbre généalogique du Juge jusqu'aux Mères et aux Filles. On ne considère le plus souvent que les étages Feu ou Tête parce qu'ils véhiculent un courant vif. « La Voie du Point, pour Don Néroman, donne le passage entre la Terre et le Ciel. » Les Figures reliées entre elles indiquent une relation, l'armature du thème s'oriente. On peut aussi considérer à un moindre degré les Voies de Cœur, Ventre et Pieds. L'angle devra toujours se chercher le plus grand possible, c'est-à-dire en tenant compte des Figures les plus à droite et les plus à gauche de l'axe médian.

Voici un exemple de thème comportant toutes les Voies de Points, la Voie de Tête demeurant prédominante.

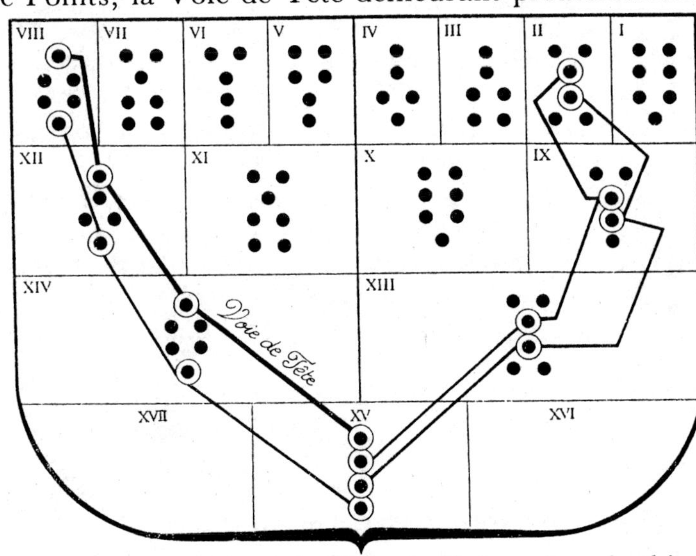

Lorsqu'il n'y a pas de Voie de Points dans le thème, les deux Têtes des Témoins étant impaires, on voit ces deux Têtes en balance dans la Tête du Juge (impaire). Ce qui signifie que la Tête de la Figure du Juge observe l'une des soixante-quatre situations (sans Voie de Points) qui ne sont peut-être pas étrangères aux soixante-quatre couples de trigrammes ou hexagrammes du Yi-King. Le passage de la Figure XIII à la Figure XIV décrit un mouvement auquel le Juge répond par son attitude. À la différence des Voies de Points qui remontent dans la trame discursive, qui développent ou illustrent cette attitude, ces soixante-quatre « codons » semblent faire appel à un autre mode de langage, plus direct, et se référant à l'expérience subjective du questionnant.

Les Passations, facteurs non moins importants que la Voie de Points, concernent la reproduction ou le « passage » d'une même Figure dans le thème. Elles impliquent une relation entre les Maisons où la Figure passe. La Figure habitée de sa vibration propre se déplace dans une ou plusieurs autres Maisons dont l'induction suppose un rayonnement de nature différent, dans sa résonance.

Dans notre exemple, ⁞.⁞ en Maison I passe en Maison X ; ⁙ en II passe en XIII ; ⁘ en IV passe en XII ; ⁙ en VII passe en XI, etc.

CHAPITRE IV

De la Gangue au Minerai (description des Maisons de l'Écu et propos sur le Thème géomantique)

MAISON I

Noms : Vita, Angle d'Orient, Horoscope ou Ascendant géomantique, Ioussoufou, Réceptrice de la première Mère.

Elle concerne les tendances profondes de l'être, les énergies qui lui sont propres, le fond permanent de son caractère, son impulsion première. Elle décrit la personne dans son affirmation de soi, l'origine des choses...

Elle est de Feu-Lumière impétueux, évoque la spontanéité juvénile et ce qui éclôt.

MAISON II

Noms : Lucrum, La Succédante, Réceptrice de la deuxième Mère, Adama.

Elle concerne les richesses, l'acquis, l'expression de l'impulsion de I, les valeurs auxquelles il attache le plus de prix, les biens, le résultat matériel des actions, le milieu appropriable de I. Ce dont il se nourrit, ce qu'il assimile à l'aide de matériaux empruntés au dehors, l'extension dans l'espace...

Elle est de Terre, matérielle, évoque la jeune plante prenant racine et se nourrissant du sol ; la Terre étant la base solide nécessaire à la constitution vitale.

La Figure contenue dans la Maison II précise et complète la signification et la valeur de la Figure I.

MAISON III

Noms : Fratres, La Cadente, Mahdiou.

Elle concerne l'adaptation au monde, les manifestations parlées ou écrites de I, l'imagination, la personnalité, les attitudes les plus significatives, les facultés intellectuelles, l'adaptation avec le milieu, l'entourage, les contacts immédiats, le voisinage, les frères, les petits déplacements, l'adaptation de l'esprit au concret, les entreprises, les expériences et études, les impressions sensorielles et les expressions de la pensée mettant en contact avec le milieu.

Elle est d'Air. L'Air favorise la croissance des organismes, l'ascension, l'épanouissement de la fleur.

La Figure contenue dans la Maison III dénote la qualité des appuis et aides rencontrés, puisés en soi (aspect sextile direct de I).

MAISON IV

Noms : Genitor, Angle de la Terre, Idrissa, Réceptrice de la quatrième Mère.

Elle concerne les origines, le noyau, les racines, la famille, les tendances héritées, le lieu de résidence, les proches parents, la durée, le terme des choses, la résistance du milieu, les origines matérielles et morales.

La Figure contenue en IV révèle l'obstacle inhérent au legs héréditaire.

Elle est d'Eau, évoque la sève aspirée du sol, le liquide vivant montant dans la tige.

MAISON V

Noms : Filii, Maison des Œuvres, Ibrahima, Réceptrice de la première Fille.

C'est la Maison des créations et des plaisirs, le Feu dans l'être, les désirs et leur réalisation, la génération, les manifestations extérieures considérées comme issues de la sexualité, la gestation d'une œuvre, la volonté individuelle, ce que I donne et projette hors de lui.

La Figure contenue dans la Maison V montre le degré de possibilité d'extension ou épanouissement affectif-psychique offert par le milieu.

Elle est de Feu, cuisant la sève dans une véhémence continue, précipitant le rythme vital, désséchant la tige, murissant l'épi où s'est concentrée la vitalité. Consumation.

Elle concerne encore les enfants, les arts et les parures...

MAISON VI

Noms : Valetudo, Intelligente, Issa, Réceptrice de la deuxième Fille.

Elle concerne les responsabilités, l'état de santé, les servitudes, le travail, les maladies, les mutations critiques, la valeur des choses, la réceptivité à l'esprit, les outils asservis aux besoins...

Elle est de Terre, cette Terre étant le lieu où l'activité laborieuse de la culture aboutit à la récolte.

MAISON VII

Noms : Uxor, Angle d'Occident, Nadhir, Oumarou, Réceptrice de la troisième Fille.

Elle concerne le conjoint, l'adversaire ou l'associé, le monde complémentaire et opposé, l'idée que suscite le comportement de I, tempérant son activité, l'être avec qui I se trouve en étroite liaison, les modifications provoquées par relations amicales ou hostiles. « L'inclination des hommes envers les femmes et le mariage se reconnaît si le signe de la VII est fertile ou moyen » (Haly Le Rhodoan).

Elle est d'Air. Le vent, Air vivifiant, entretenant la vie de ce qui respire...

MAISON VIII

Noms : Mors, Ayouba, Occulte, Réceptrice de la quatrième Fille.

Elle est le contraire de la II dans le rapport du plein au vide, elle concerne la transmutation capable de régénérer un milieu corrompu, les pressentiments, les préoccupations basées sur la crainte, les dangers redoutés, les pertes ou profits tirés d'autrui, les héritages, le sommeil, les pouvoirs supranormaux, l'ascèse, la dématérialisation, l'examen de conscience, la capacité de se tirer d'affaire, l'angoisse...

Elle est d'Eau, Eau stagnante des mares. Le fruit se décompose par fermentation, l'Eau éteint le Feu vital en s'altérant...

MAISON IX

Noms : Peregrinationes, Allah Taala, Réceptrice de la première Nièce ou Petite Fille.

Elle concerne l'aspiration au monde spirituel, le religieux, le Grand Rêve, les grands voyages, les arts divinatoires, la poésie, l'esprit de synthèse et les hautes spéculations philosophiques, la diplomatie, l'hermétisme, l'alchimie. C'est la Maison de Dieu, du sens de la vie, de la sortie intellectuelle de soi ou de la co-naissance dans le Soi ; elle indique aussi les idéalismes, les intérêts lointains, la sublimation.

Elle est de Feu — Feu qui pourvoie à l'illumination mentale, vie dégagée, ranimée par le Feu céleste.

Elle se rapporte aussi au milieu physique éloigné, dans le temps ou dans l'espace, à l'étranger, aux aurores boréales...

MAISON X

Noms : Regnum, Angle du Ciel, Souleymani, Réceptrice de la deuxième Nièce ou Petite Fille.

Elle concerne l'ambition, la conduite de soi, la projection par réflexivité, la renommée, la réussite d'une chose, la dignité, le point de mire ou objectif de I, les récompenses, les personnages haut placés, les vertus des médications et herbes, ce que l'être laisse, son œuvre et sa réputation, la destinée de l'entreprise envisagée... Elle concerne les fruits au niveau de l'existence, de la société, de l'à-venir.

Elle est de Terre, intérieurement travaillée en vue de sa fécondation.

MAISON XI

Noms : Amici, Maison des Amis, Ali, Réceptrice de la troisième Nièce ou Petite Fille.

Elle concerne les sympathies que nous attire notre œuvre, se traduisant en aide spirituelle, morale et matérielle, rapports électifs, protections. La XI montre si l'on est admis, appelé voire élu, elle concerne les aides, le soutien, les espérances, les conseils, elle préserve d'actes irréfléchis, indique les ressources des hauts personnages, leur entourage, s'il est propice de les approcher, elle procure des instructions sur de hautes connaissances...

Elle est d'Air, Air éthéré qui peut tuer par le froid, administration prévoyante du souffle vital, fluide animateur universel...

MAISON XII

Noms : Inimici, Maison des Ennemis, Nouhoum, Réceptrice de la quatrième Nièce ou Petite Fille.

Elle concerne le secret et les réactions profondes, les dangers inattendus, les imprévus revenant à la charge, les refoulements, la fuite des responsabilités, les choses emprisonnées, les victimes de la répression, les maladies incurables, la limitation fatale des possibilités individuelles. « Les réalisations prochaines y attendent comme les idées prêtes à impressionner les cerveaux, mais qui ne sont encore que "dans l'air" » (Oswald Wirth).

Elle désigne les faiblesses, les tyrannies dont le joug s'impose et paralyse, les épreuves, renoncements et afflictions...

La XII est aussi en rapport avec les biens ou maux provenant des femmes. Elle se rapporte aussi aux coercitions sociales violentes, aux inhibitions, aux ennemis inconnus que l'on doit subir, aux animaux sauvages...

Elle est d'Eau (le milieu animique de la vie ambiante, diffuse, l'Eau fécondée, l'universel réservoir des Eaux de la Vie...).

MAISON XIII

Noms : Témoin droit, Housseïni.

Elle est en rapport avec les choses du Passé, actualisations antérieures, protections et appuis à moins qu'elle traîne des influx encombrants. Elle résume ce qui concerne I, en sa faveur[12].

MAISON XIV

Noms : Témoin gauche, Iounous.

Elle résume ce qui est concerné par I, sa destinée dans la société. Elle présage de l'à-venir. Elle indique les obstacles à surmonter ou les entraves à la réalisation.

Transits et Progressions en astrologie : la Figure XV montre ce qui est transporté entre les Deux Mondes de la XIII et de la XIV, où s'exprime la relation.

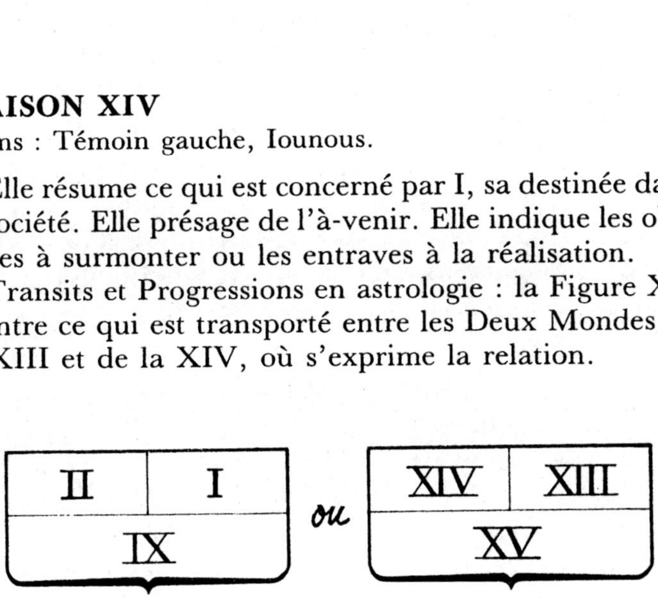

expriment trois modalités de temps.

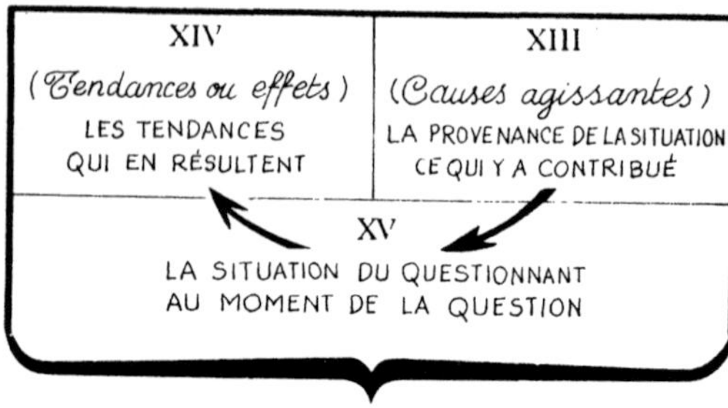

MAISON XVI

Noms : Subjudex, Juge auxiliaire, La Claire, La Sentence, Moussa.

Elle détermine l'opinion[13] du Juge, son arrière-pensée, ce que vaut la solution cherchée.

MAISON XVII

Nom : Juge spirituel.

Elle détermine le degré de satisfaction éprouvé à l'issue du verdict, démontre l'aboutissement du décret du Juge (XV). Particulièrement puissante si identique à I.

Il existe encore une autre Maison : la dix-huitième, d'un usage moins courant et à laquelle on a recours en cas d'extrême embrouillement devant les configurations précédentes. Elle n'est pour ainsi dire pas utilisée. Signalons-en tout de même les caractéristiques :

MAISON XVIII

Nom : L'Élémentaire.

Synthèse des quatre Éléments des figures angulaires (I,

IV, VII, X), on la situe sous les Juges, par étirement de l'Écu. Le procédé pour obtenir la Figure qui s'y inscrit est le suivant (toujours par fusion) :

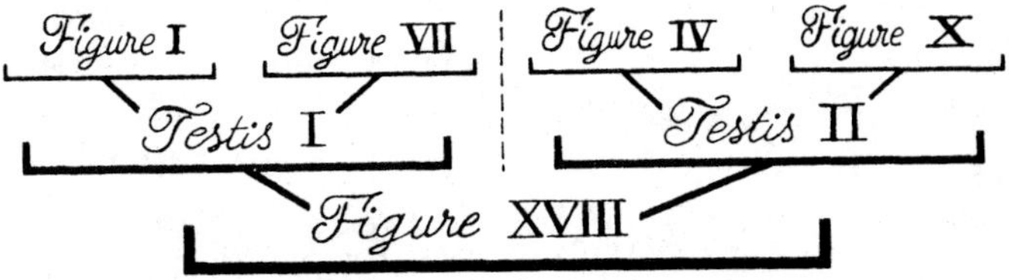

Autre manière de disposer les Maisons XIII, XIV, XV et XVI :

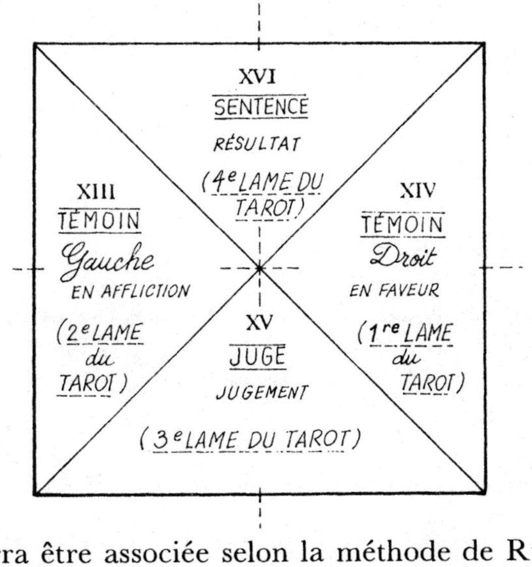

qui pourra être associée selon la méthode de Rumélius (Armand Barbault) à quatre Arcanes majeurs du Tarot de Marseille ainsi qu'à la Carte du Ciel, chacune des disciplines éclairant l'autre.

La Figure XVI vue comme sentence du Juge éclairera sur la confrontation Témoins-Juge. Vue comme Juge auxiliaire, elle « réconcilie I (le Questionnant) et XV (le Juge) », pour A. Crowley ; elle apporte l'élément nécessaire à l'état d'esprit du Juge, servant d'intermédiaire entre celui-ci et I, de « traducteur » à un niveau plus intime, tandis que la Figure XVII ou Juge spirituel occupe une position en marge (du nombre 16 et... du thème) qui se réfère à l'état qui précède le déploiement de l'éventail géomantique, reflet de l'utilité du thème, ce que l'évocation qu'il véhicule est susceptible d'apporter au questionnant. On pourra mieux le comprendre lorsqu'il s'actualise par passation dans l'un des étages de l'éventail (les étages sont : Juge, Témoins, Nièces, Filles et Mères).

Cette Figure XVI invite à modifier l'approche, à revoir le regard, « le but des astres étant d'engendrer la sympathie en accord avec la fatalité qui leur est faite » (Hermès Trismégiste).

MAISONS DÉRIVÉES

Eudes Picard (*Astrologie judiciaire*, éd. Leymarie, Paris, 1932) en montre les ressources. Attestée par Ptolémée, Haly, Cardan, etc., une pratique extrêmement développée des Maisons dérivées a cours dans l'Astrologie indienne.

Couramment utilisées en Géomancie, les Maisons dérivées font tout simplement partir la Maison I d'une Maison du thème en rapport direct avec le sujet de l'interrogation. Sans bouleverser la place des Figures distribuées dans l'Écu. Dans notre exemple initial, si le thème avait été en rapport avec l'« alter ego » ou un adversaire, nous aurions transformé la Maison VII en I, la VIII en II, la IX en III, la X en IV, la XI en V, la XII en VI, la I en VII, la II en VIII, la III en IX, la IV en X, la V en XI et la VI en XII ; toutes les valeurs des Figures étant alors en rapport avec la personne décrite en VII. Ainsi, les biens et acquisitions de cette personne se trouveraient en VIII (ou II par rapport à elle), sa formation et son adaptation au monde en IX (ou III), etc.

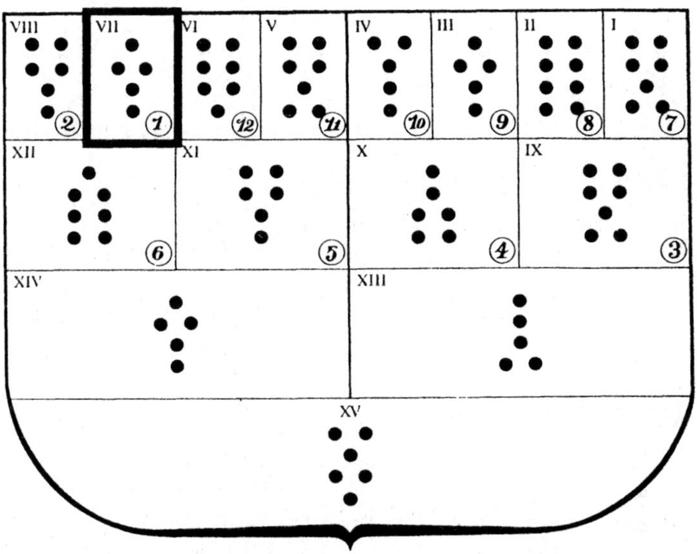

Exemple de Maisons dérivées

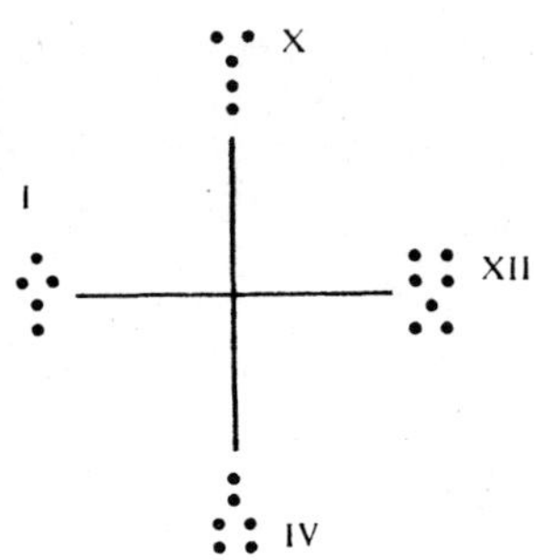

La géomancie donne également lieu à des extensions divinatoires (recherches de noms, de dates, de lieux, d'objets égarés...) dont de nombreux traités exposent les méthodes — et qui font appel à divers systèmes d'alphabets attribués aux Figures. L'orientation dans l'espace se traduit par le point cardinal de la Maison de l'Écu où se trouve la Figure reflet du sujet de méditation. La Maison I à l'Orient, la VII à l'Occident, la X au Sud et la IV au Nord.

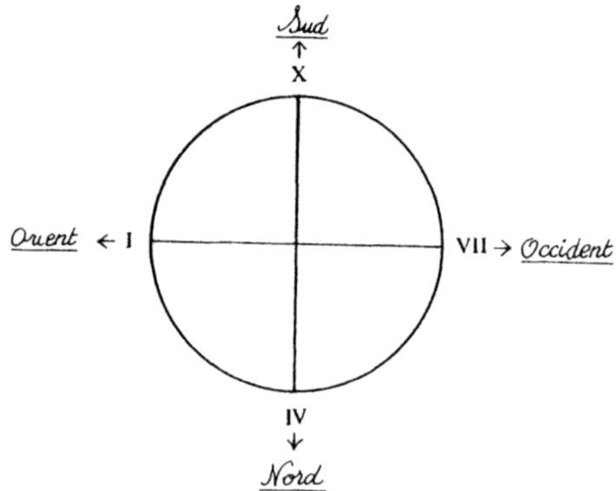

On remarquera que cette orientation est « retournée » par rapport aux cartes géographiques.

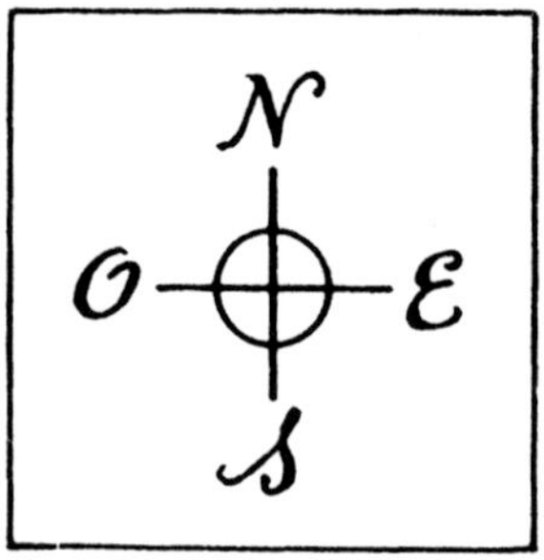

Distribution des couleurs dans les douze Maisons (d'après Rolandus Scriptoris, XVe siècle)

VIII Noir	VII Blanc	VI Noir	V Mièl	IV Rouge	III Jaune	II Vert	I Blanc
XII Vert		XI Jaune		X Rouge		IX Miel	

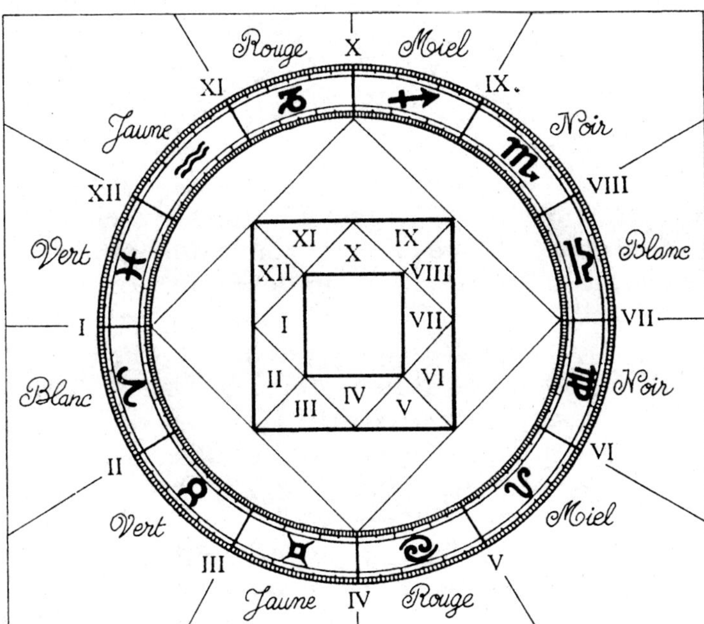

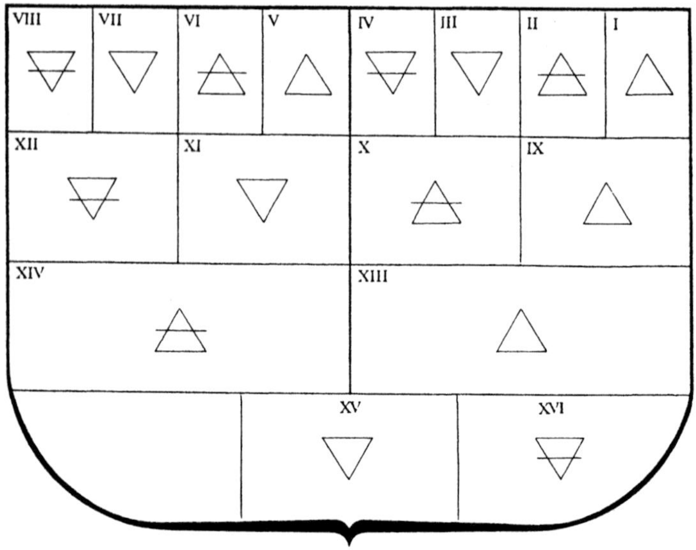

Répartition des Éléments dans les seize Maisons de l'Écu

Il existe 65 536 combinaisons différentes de thèmes géomantiques, encore que la physionomie d'un seul thème puisse se prêter à plusieurs niveaux de lecture et qu'il soit de coutume de ne pas dresser le thème lorsque les quatre Mères sont identiques, à plus forte raison s'il s'agit de ⁞⁞ ou ⁞ , c'est-à-dire de Figures lunaires. Dans ce cas, le Jet de Points aura sans nul doute été effectué d'une façon désordonnée, hâtive ; l'énergie constitutive aura été dispersée, les puissances internes non projetées se trouvent « noyées » par un état d'esprit indésirable.

Dans le même ordre d'idées, une tradition liée à Cattan (XVIe siècle) préconise de ne pas pousser plus avant lorsque ⁖⁘ ou .⁞. surviennent comme première Mère.

Aleister Crowley conseille de « détruire le thème sans attendre ». Liées plus que toutes les autres à des facteurs d'indisposition, à une attitude incorrecte en interférence à l'Ascendant ou Orient, ces figures empêchent d'envisager l'érection d'un thème plus avant. Un arrière-fond teinté de passion ou un refus tendant à « court-circuiter » l'approfondissement devront porter à différer l'expérience géomantique, à laquelle il sera fait recours, ou non, dans un moment plus approprié.

Lorsque l'on obtiendra, plusieurs thèmes étant dressés à quelques jours d'intervalle sur un même sujet, un Juge (XV) et deux Témoins identiques (XIII et XIV), les Mères étant différentes, ce qui se produit encore assez fréquemment dans la pratique courante, on constatera le reflet de l'évolution au sein d'un déroulement à plus longue échéance, ce genre de « résultats » outrepassant largement toute mesure au niveau du calcul de probabilités.

On pourra aussi retrouver une ou plusieurs Figures demeurant dans les mêmes Maisons lors de thèmes consécutifs.

Le « Thème influenciel », c'est ainsi que l'appelle Alain Le Kern, s'établit sans question préalable. Il permet de dégager les influences. Si son sens n'est pas immédiatement décelable, il se révèle pleinement dans les jours suivants ; ainsi, faut-il se méfier des déductions « objectives », des mises en correspondances parfois surfaites. C'est dans un éclair furtif, par un effet de surprise que s'entrevoient les arcanes reliant le Visible à l'Invisible.

Entre les climats de vibrations et les séquences numériques *aléatoires*, il y a un Espace où cela se transmet. Là, c'est une Découverte merveilleuse, qui n'est plus du ressort des applications « systématiques », des petites questions pressantes ou de visées par trop ratiocinantes.

La Géomancie s'est atrophiée à partir de la Renaissance, où elle a subi l'empreinte du dualisme mondain, au point de se résoudre parfois, dans les siècles qui suivirent, à des tableaux de style « catastrophique » où un sort « heureux » ou « malheureux » était censé être réservé au « malheureux » questionnant. Aujourd'hui, dans le monde moderne, un langage à caractère psychologique a tendance à l'enfermer, à l'endiguer, de même que pour l'Astrologie, dans les automatismes stériles de son « extrême solidification », selon les termes de René Guénon. L'Écoute silencieuse, quand elle n'est pas taxée d'inintelligibilité, de bizarrerie, peut révéler certaine chose, bien trop fine et subtile pour être perçue à l'habitude.

L'idée des « complexes », née de la Psychologie, appartient à un mode d'attribution spécifique qui, au lieu de délivrer, cloisonne en entretenant des concepts.

« Sur les chemins de crête il y a une positivité de la schizophrénie, la phase positive du Rien, une phase pionnière où l'intensité de la pensée féconde la coupure, un chaos bénéfique par où passe l'air dont on fait les mutations, œuf tâtonnant dans l'σ il de nos approches. » Guy BENOÎT, *Le Miroir du Verbe*, 1982.

Passé le seuil du silence, le signe joue un rôle métaphysique dans l'épaisseur de la conscience, il participe de l'étincelle qui anéantit à la fois les normes rationnelles, les solutions programmées et les impératifs conformistes.

« ... cette nature instantanée qui n'est d'aucun lieu, une chose située entre le mouvement et l'état, n'existant en aucun temps. C'est en elle que tout ce qui est en mouvement change pour s'arrêter, et c'est à partir d'elle que tout ce qui est statique change pour se mettre en mouvement... » PARMÉNIDE.

Dans les catalogues de réponses toutes faites à toutes les variétés de synthèses Témoins-Juge, la richesse allégorique, la dimension verticale propre au langage des Sages semble escamotée au profit de formules expéditives. Dans la Géomancie malgache et d'Afrique équatoriale, subsistent devises et légendes se rapportant non seulement à chaque Figure mais à leurs multiples associations. Ces contes et légendes, montrant sous l'aspect de scènes imagées l'analogie de certaines perceptions, mettent en évidence les « trames psychiques » sous la forme de situations caractéristiques. C'est en somme le discours qui s'approche au plus près du déclic susceptible d'éveiller ce que les apparences phénoménales avaient ravi à l'Unité de la conscience. Ces contes mêlent témoignages des Sages tout au long du cheminement et péripéties formant une « trame de fond » en synchronicité avec une situation reconnaissable [14], un arrangement en cours de manifestation : c'est un langage de l'homme et du monde orienté à dépasser les petites conceptions établies sur le plan des « nouages ».

Le mariage du Thème géomantique avec l'Horoscope (Astrologie horaire ou regard sur la Carte du Ciel au moment du Jet de Points ou de la Prise de Cailloux), le ou les Hexagramme(s) obtenus par les baguettes d'Achillée (à la suite ou précédant le Thème), l'Arcane ou les Arcanes majeurs permettront d'affiner les réponses au travers des Quatre Éléments (Géomancie/Terre - Astrologie/Air - Yi-King/Eau - Tarot/Feu).

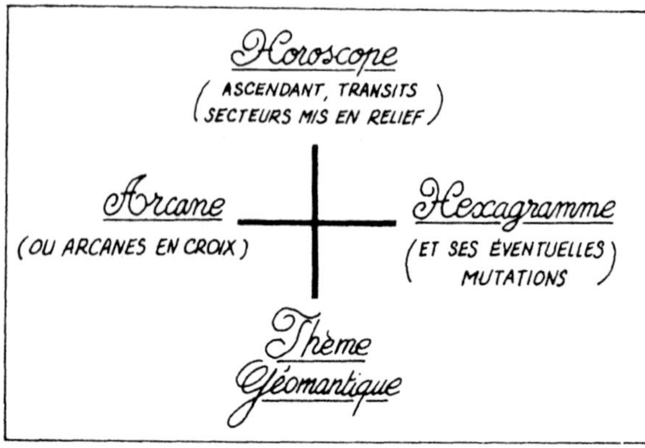

La « prédiction de l'avenir » et la « recherche dans le passé » ne sont pas la destination première de ces outils.

Les chamans, qui reconnaissaient l'œuvre de la Surnature dans la répétition de structures dans des mondes différents, s'en servaient par rapport à l'*axis mundi* permettant d'entrer en relation avec les Trois Sphères d'existence afin de retrouver l'unité de la conscience.

Se purger des contradictions artificielles surimposées participe des notions mêmes de bi-polarité émanant du Tao. Les dualités apparentes possèdent leur *double* non duel, inverse et complémentaire. Le reflet des astres et de nos corps, perçu dans la disposition des Figures, se situe dans le film de l'Unité.

Entré dans le thème de la Terre, la Matière du Ciel fournira des indications.

Les Figures s'inscrivant toujours de droite à gauche, la Géomancie est bien un moyen de s'« orienter » dans le sens premier de : prendre une Origine comme repère.

La représentation iconographique « lévogyre » exprime un rapport au monde de l'existence à l'Être ou à l'Essence, où le relatif temps/histoire/espace, contingent plus ou moins « individualisé », se trouve reconduit dans la gangue de l'Absolu, et passe alors par la Personne.

Le côté gauche est l'ombre occidentale dans l'Orient de l'Âme ; ce sont les énergies psychiques en rapport avec les Mères contenues dans la partie droite de l'Écu.

« Si ceux qui vous guident vous disent : le Royaume est dans le Ciel ! — alors les oiseaux du ciel vous devanceront... Mais le Royaume est à l'intérieur de vous et il est à l'extérieur de vous. » Évangile de Thomas.

Deuxième partie

DU CHANT DES FIGURES AU CHAMP DU REGARD

Préambule

Au cœur de chaque Figure, se tient le dieu qui est l'Essence de cet état d'être.

La Vie étant *toute subjectivité*, les Figures géomantiques sont des « signes de reconnaissance » dans le monde vécu comme un immense Intérieur.

Les Figures se trouvent inscrites « à l'état naturel » dans les formes sensibles. Elles peuvent révéler, à l'insu de qui s'en pare, la teneur secrète. Cornélius Agrippa en a dressé des planches de correspondances hiéroglyphiques que l'on pourrait compléter à l'infini en y ajoutant objets usuels, sigles, monuments contemporains. Inversement, les Figures englobent des traits de caractère que l'on rencontre autour de soi [15]. Elles apparaissent d'ailleurs dans ces moments-là. Il vaut mieux lire le Jet de Points opéré par autrui ou le laisser choisir les pierres que de formuler un thème à sa place, en pensant à cette personne ; les Maisons dérivées donneront toujours quelque chose de plus ou moins « coloré » par l'Ascendant. En tirant des Figures dans des états d'esprit différents, vous verrez comme celles-ci « collent » merveilleusement.

Les Figures se trouvent parfois toutes faites, par la Nature, dans un coin de la scène, comme une « légende », un avertissement, un clin d'œil. Les répétitions de Figures d'un thème à l'autre sont particulièrement surprenantes. Les correspondances avec les planètes et les signes du Zodiaque sont plus arbitraires, d'ailleurs nul ne semble être tombé d'accord ; on s'est contenté de recopier ou de traduire sans apporter de témoignage probant. De même pour les Constellations et les Mansions lunaires. Cependant, les noms que donne Hugo Di Santalla aux Figures ont une résonance métaphysique en accord avec l'Orient de nous-même ;

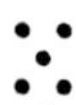 *(Acquisitio) : Comprehensum Intus*

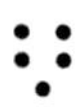 *(Fortuna Major) : Auxillium Intus*

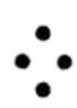 *(Puella) : Mundus Facie*

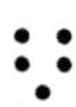 *(Albus) : Candidus*

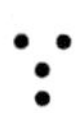 *(Caput Draconis) : Limen Interius*

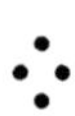 *(Amissio) : Comprehensum Foris*

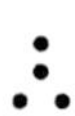 *(Fortuna Minor) : Auxillium Foris*

 *(Carcer) : Constrictus*

 *(Cauda Draconis) : Limen Exterius*

etc.

La répartition des seize Figures dans les quatre Éléments fait déjà appel à un langage poétique. Les images qui se rapportent aux Qualités élémentaires s'expriment par toutes sortes de sens analogiques. Ainsi E. Caslant, qui se réfère à l'*Estimaverunt Indi*, verra-t-il pour le « Feu subtil avec dégagement brusque » la Figure .⁝., tandis que R. Ambelain et la Tradition tunisienne y verront ⁞ et que d'autres encore verront en ⁞ une Figure essentiellement « aquatique », liée à la ☽ en ♋ , et en .⁝. l'action asùrique de minage « tellurique ».

Pour les uns, ⁙ en analogie avec ♂ en ♏ , signe d'Eau, évoquera les « Eaux souterraines fermentant dans l'ombre » ; pour les autres, *Rubeus*, la Rougeur, rappellera le Feu qui monte aux joues et ce qui est sur le point d'exploser...

Une Quinte-Essence qui les anime et cependant demeure hors du Cycle, manifeste les Saisons. Les quatre Climats comportent un répertoire infini de correspondances dans les structures quaternaires symboliques. Nous en donnons ci-après un aperçu, emprunté en partie au discours de Jean Carteret.

Les attributions aux Figures que nous donnons (en bas de chaque colonne) sont explicitées plus loin dans le texte spécifique à chacune d'entre elles.

Nature élémentaire des Figures

FEU

Esprit
Énergie
Pensée
Tête
Lion
Salamandre
Solve
Animus
Incarnation de la pensée

Langage
Monde de l'Esprit
Les Yeux
Le Père
Le sec
Le haut
L'intégrité
Le contact
Le soufre radical
L'expression
L'animation
Le vertical
La tension intérieure

Figures :

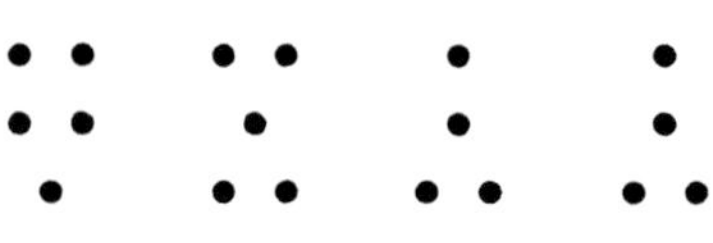

AIR

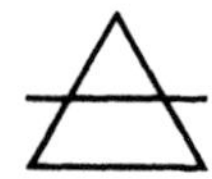

Rêve
Intelligence
Intuition
Espace
Cœur
Aigle
Sylphe
Principe actif de l'air
Le « Verbe »
Éducation
Espace
Monde du Rêve
Langue et oreilles
Le Fils
Le chaud
Le long
La présence
La relation
Le soufre volatil
La sensualité
Les attitudes
La description
La pulpe du réel apparent

Figures :

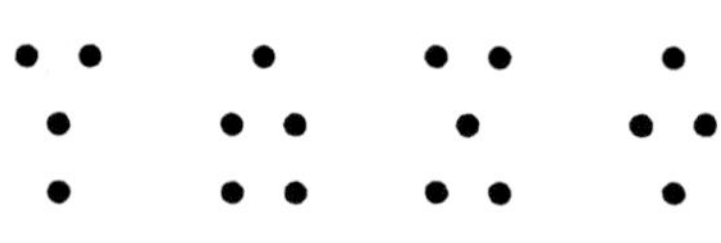

EAU ▽

Eros
Vie
Temps
Sentiments

Ventre
Ange
Ondin(e)
Principe passif et dissolvant
Esprit d'initiative
Capacité d'agir de façon organisée
Temps ou Psyché
Le Monde de la Vie et de la Mort
Organes sexuels
La Fille
L'humide
Le profond
La plénitude
L'efficacité
Le mercure radical
L'impression
La contemplation
L'ensemble harmonique
Les formes molles
Ombres et brumes
L'invitation à participer au Rêve

Figures :

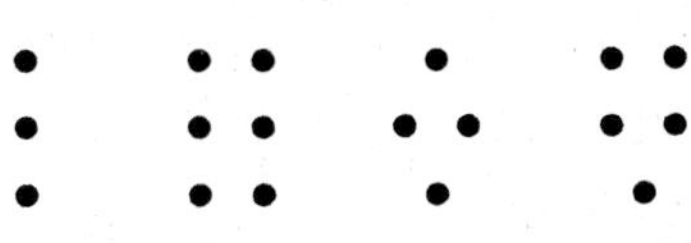

TERRE 🜃

Matière
Sensations
Argent
Travail
Le Fondamental et le Nécessaire
Pieds
Bœuf
Gnôme
Coagula
La simple force physique personnifiée
La Matière

Le Monde matériel

Mains
La Mère
Le froid
Le large
L'authentique
Le rapport
Le mercure fixé
Le conceptif
L'introversion
L'abstraction à la vie extérieure selon idée, affect ou sensation
Les petites choses, très concrètes

Figures :

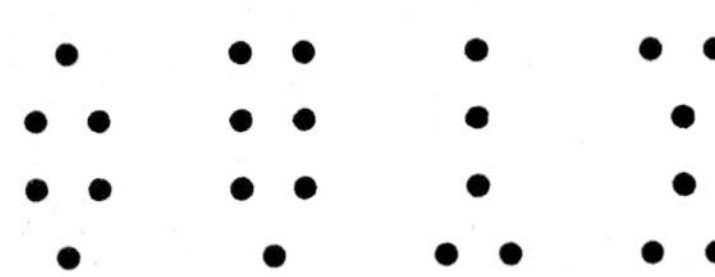

Nature élémentaire des degrés de chaque Figure (utile pour les Voies de Points)

Tiré de « Représentations géomantiques de certains phénomènes physiques », F. Warrain, *Physique, Métaphysique, Mathématique et Symbolique cosmologique de la Géomancie*, éd. Vega, 1968.

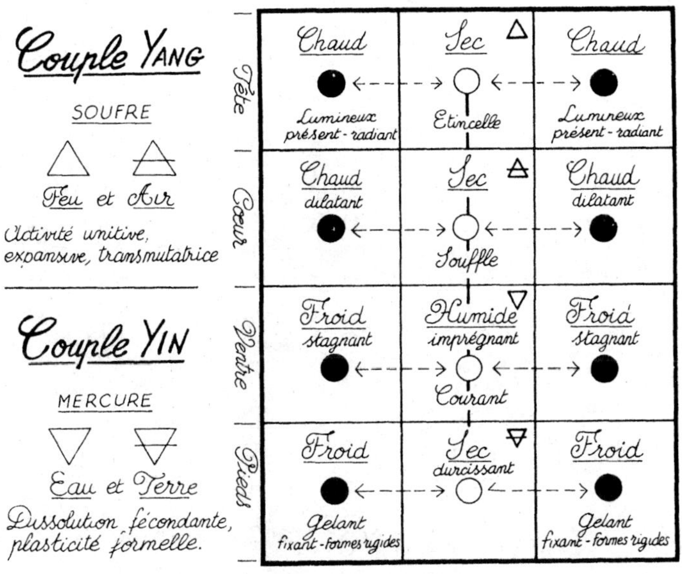

Répartition des qualités symboliques
sur le canevas des Douze

Les Figures géomantiques s'obtenant « de haut en bas » à l'inverse des Hexagrammes du Yi-King, si la Tête et le Cœur figurent bien la permanence de polarité, ou son affirmation, dans le cas de : **:** et **: :** (quel que soit le sens), il n'en va pas de même pour ∴ et ∵ qui, si l'on suit l'ordre dans lequel ces deux étages sont obtenus, donnent :

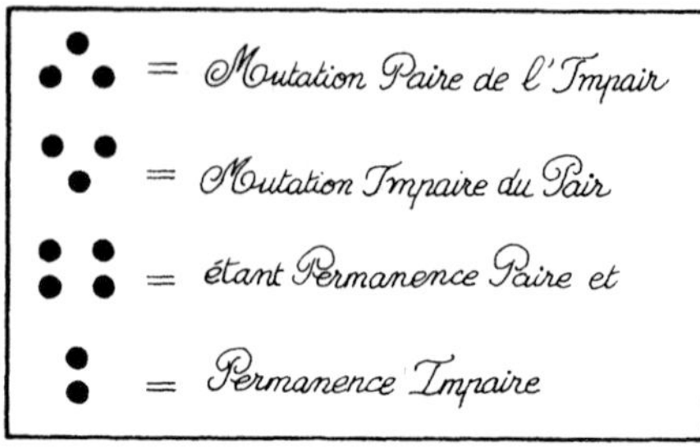

équivalent à :

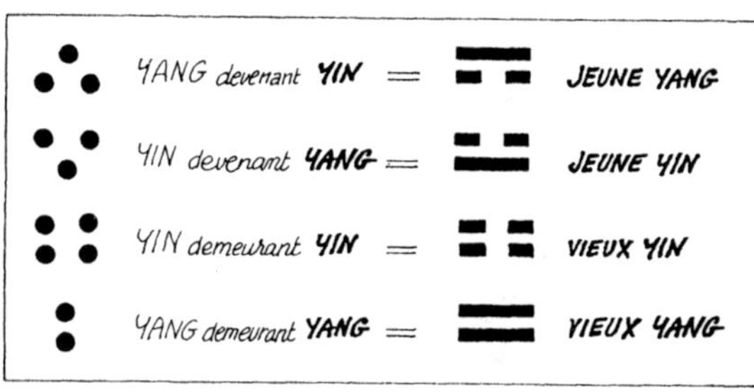

A partir de quoi, suivant toujours le sens « de haut en bas » dans lequel sont obtenus les étages Feu, Air, Eau, Terre, se répartissent quatre groupes de Figures :

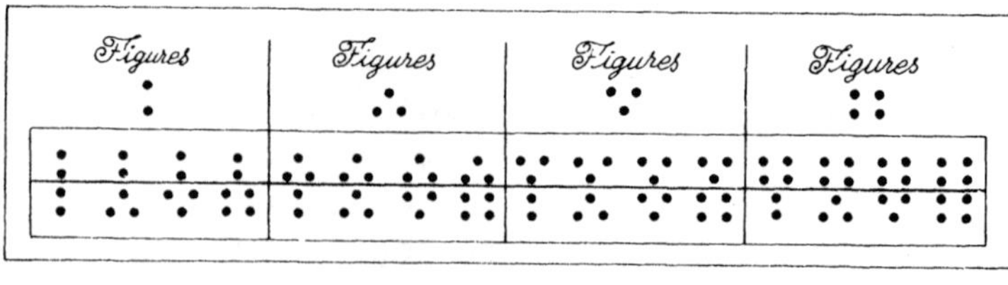

Mais si l'on peut relier ⁚ au Ciel, et ∷ à la Terre c'est une tout autre affaire que de retrouver ici les quatre Éléments. Don Néroman voit en ⁚ l'image de la flamme qui monte au Ciel tandis que ∴ exprimerait la Source qui, en expansion en bas, se jette dans la mer ; l'Air prenant expansion vers le haut avec ∵ et la Terre étant figurée par le carré, le solide : ∷. Mais la représentation de l'Eau et du Feu se fait souvent par deux triangles (respectivement) : ▽ △ et dans ce cas | symboliserait l'Air. Ensuite se pose la question de la correspondance des quatre images de polarité qui dans l'Ancienne Chine participaient des Éléments : Feu, Eau, Bois, Métal et se trouvaient placées dans les directions des points cardinaux et des saisons (« *Lo Chou* », « Écrit de la Tortue ou Octogone de Fou-Hi »).

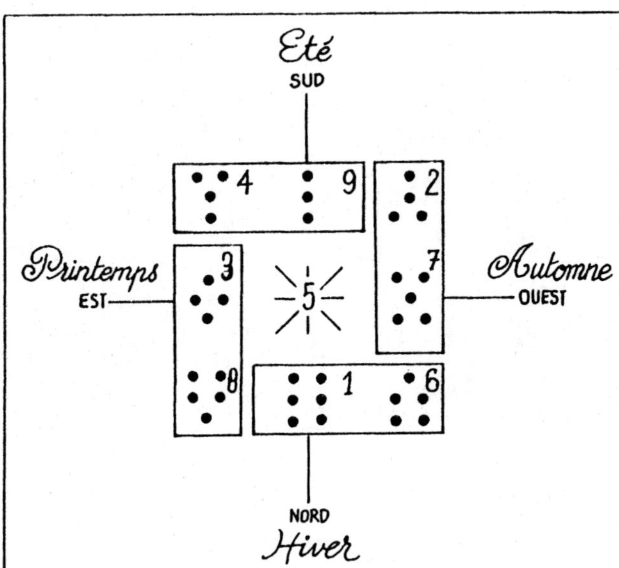

⁞ étant Le Jour, ☰ *Ch'ien*, le Père et ⁞⁞ ☷ *K'un*, la Nuit, la Mère (de même que ⁞ *Gbe* et ⁞⁞ *Yeku* chez les Yoruba), mais ☲ *Li* (sens d'ouverture, de réunion, de circulation) et ☵ *K'an* (sens de fermeture, de séparation, de freinage) ont un sens idéographique inverse par rapport à ⁘ et ⁙.

En fin de compte, nous avons suivi ici les attributions élémentaires que donne Marianne Verneuil qui a été l'instigatrice de notre premier « thème géomantique », et qui se sont révélées, envers et contre les discussions byzantines et les règles mathématiques, en accord avec les énergies et images dont chaque Figure est le témoignage.

Rapportons tout de même la classification de Robert Jaulin (« Sur la Géomancie », *La Divination*, P.U.F.) qui distingue deux groupes de Figures « internes » et « externes » par rapport à l'assemblée, au groupe, combinant le Yin et le Yang selon un ordre subtil :

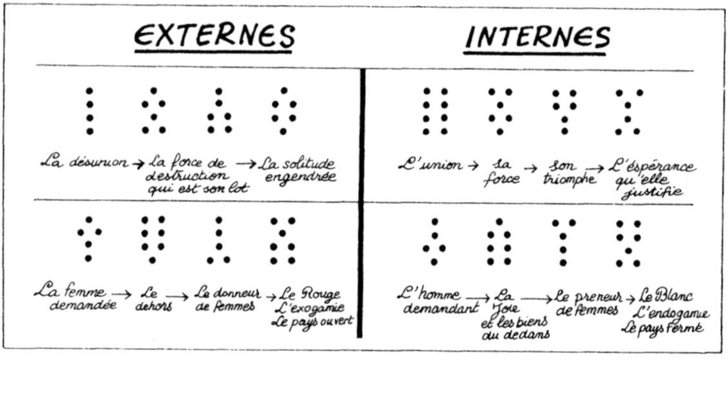

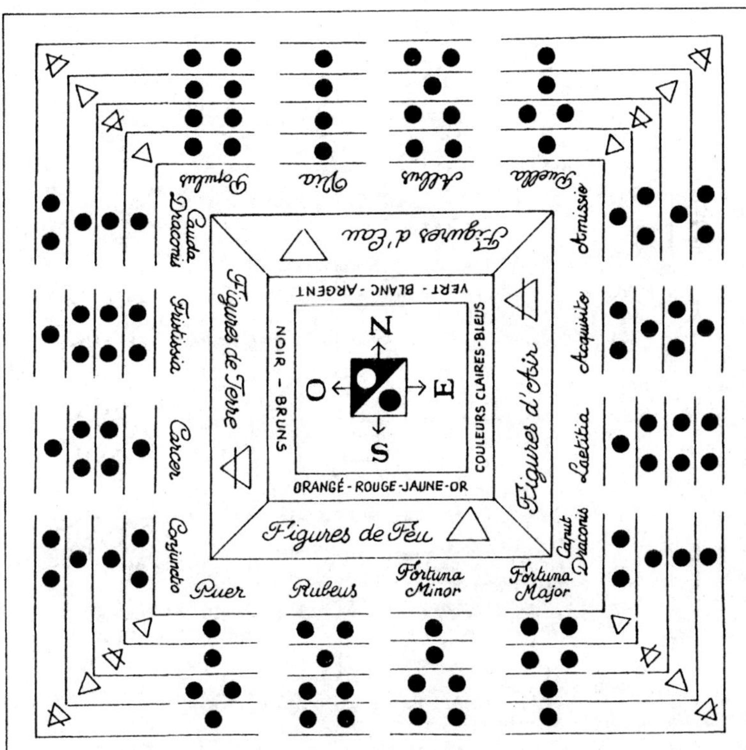

Populus
Via
Albus
Puella
Amissio
Acquisitio
Laetitia
Caput Draconis
Fortuna Major
Fortuna Minor
Rubeus
Puer
Conjunctio
Carcer
Tristitia
Cauda Draconis
Figures d'Eau
Figures d'Air
Figures de Feu
Figures de Terre
VERT - BLANC - ARGENT
COULEURS CLAIRES-BLEUS
ORANGÉ - ROUGE-JAUNE-OR
NOIR - BRUNS
N
E
S
O

CORRESPONDANCES PHYSIOGNOMONIQUES

La Physiognomonie est la science qui révèle le monde intérieur, opère dans l'occultation des apparences et dans la manifestation du Caché.

Correspondances
Figures - parties du corps humain

• • • • • •	Oeil droit chez l'homme Oeil gauche chez la femme Coeur - Cerveau - Nerfs Moelle épinière.	• • • • • •	Oeil droit chez l'homme Oeil gauche chez la femme Coeur - Cerveau - Nerfs Moelle épinière.
• • • • •	Colonne vertébrale - yeux innervation intestinale - larynx - système nerveux sexe - cuisses.	• • • • •	Système cérébro-spinal - nez sinus - sexe - bile - grand sympathique.
• • • • • •	Foie - mâchoires - vésicule biliaire - circulation artérielle - graisse.	• • • • • •	Glandes sudoripares - système nerveux - fesses - vessie - reins - cuisses.
• • • • • • •	Poumons - côtes - cartilages foie - artères - veines - sexe	• • • • • • •	Système endocrinien - Thyroïde - gros intestin - chevilles - os.
• • • • •	Cou - gorge - seins - reins poitrine - sexe féminin fesses - lombes.	• • • • •	Oreille gauche - veines - sexe masculin - reins - vésicule biliaire - cervelet.
• • • • • • •	Epiderme - reins - yeux amygdales - entrailles - glandes surrénales - veines.	• • • • • • •	Sang - vue - aorte - derme - poitrine - muscles.
• • • •	Cerveau - Oeil gauche chez l'homme - Oeil droit chez la femme - intestins - vessie estomac - vulve.	• • • • • • • •	Cerveau - Oeil gauche chez l'homme - Oeil droit chez la femme - intestins - vessie estomac - vulve.
• • • • • •	Cerveau - mains - doigts jambes - voix - mémoire imagination - esprit.	• • • • • •	Oreille gauche - rate - vessie os - dents - méninges - cage thoracique - péritoine.

Correspondances Maisons - parties du corps humain

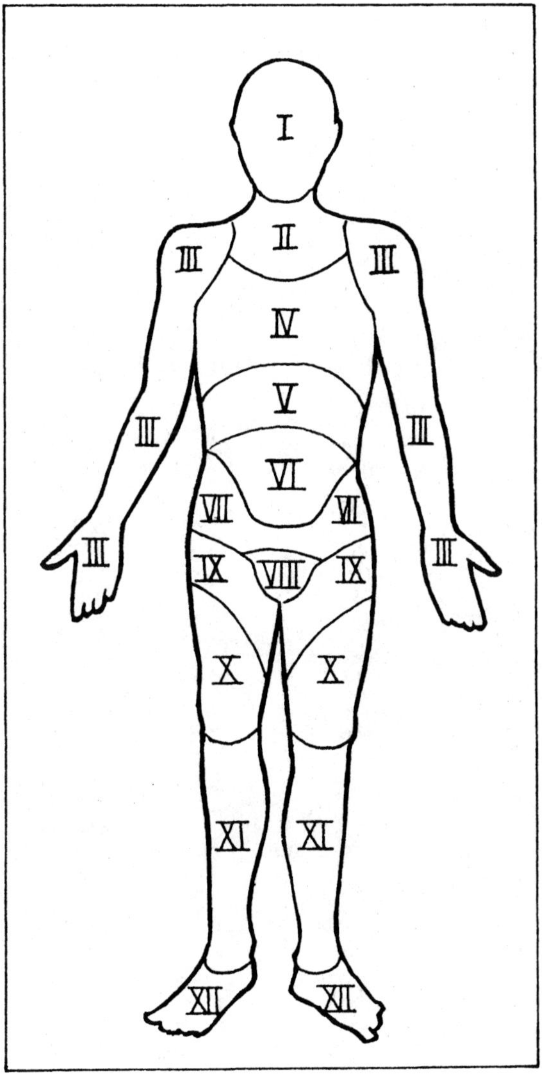

Formes élevées, déployées, amples, fuselées.

Formes rondes, sphériques, bombées, fuyantes, en affaissement ou fondues, molles, imprécises.

Formes fines, déliées, affinées, triangulaires, relevées, à facettes.

Formes carrées, épaisses, compactes, obtues, pesantes, rudes, fermes, arrêtées

Formes allongées, voûtées, osseuses, plissées, raides, noueuses, rectilignes, parallélépipédiques.

Formes arrondies, ventrues, pleines, potelées, entre la sphère et le cube, corpulentes.

Formes souples, ovales, courbes, protubérantes, gracieuses.

Formes rudes, heurtées, tendues, saillantes, musclées, carrées, massives.

Formes déliées, régulières, naturelles, plus amples en haut qu'en bas.

Formes éruptives, dures, anguleuses, en mouvement, hyper-tendues, animées par le feu, plus amples en bas qu'en haut.

Formes courtes, pointues, maigres, mieux faites en bas qu'en haut.

Combine les formes de et de

Combine les formes de

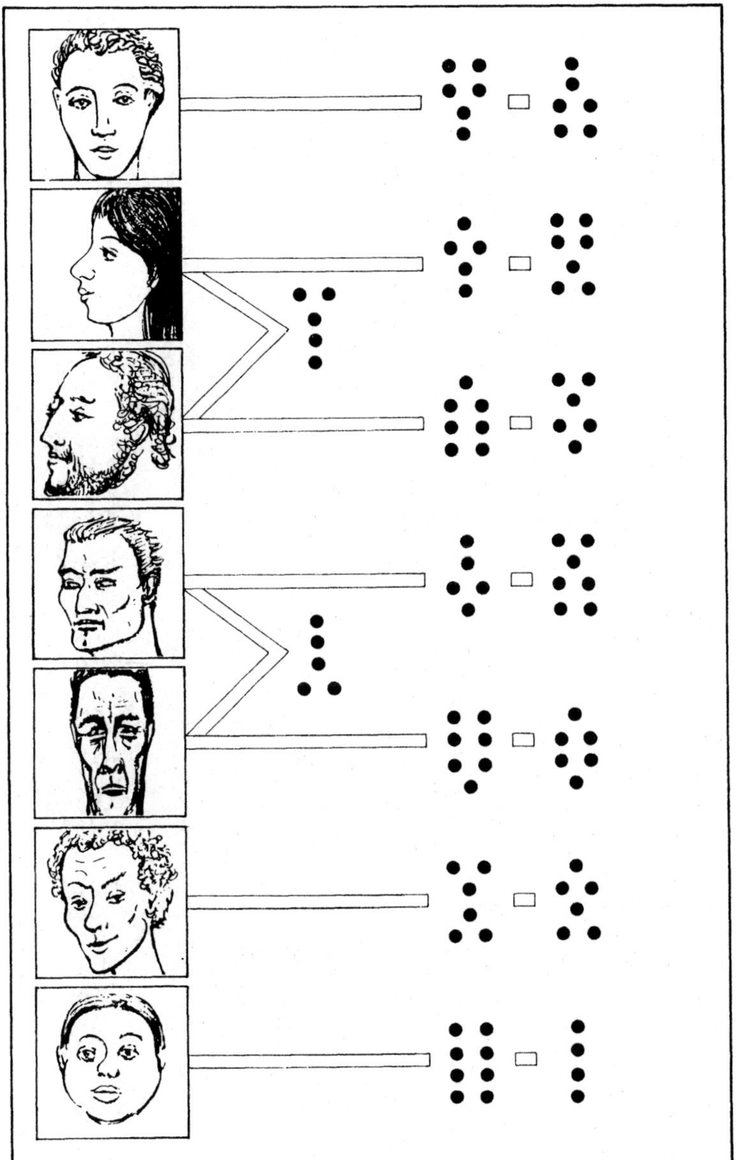

Exercé à la physiognomonie, et accueillant sans préjugé les luminaires dans leurs reflets sur les visages, combinaison de la direction naturelle et des empruntes relatives aux événements contingents, le *pîr* (sage) observe la loi des Quatre Natures :

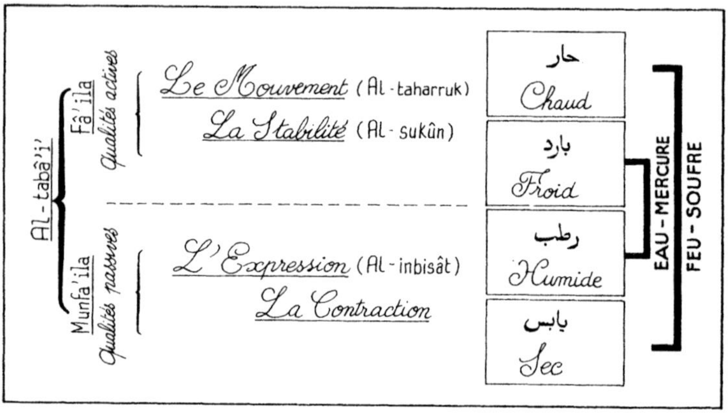

(Jâbir ibn Hayyân, Aristote, Empédocle.)

CORRESPONDANCE AVEC LES PLANTES

• • • • • •	Or - Miel - Romarin Tournesol - Héliotrope · Oranger Citronnier - Palmier.	• • • • • •	Café - Oranger.
• • • • •	Hêtre - Noyer - Marjolaine Centaurée - Laurier - Giro- flée - Améthyste.	• • • • •	Ellébore - Mandragore - Champi- gnons - Vénins - Laiton.
• • • • • •	Sauge - Pissenlit - Santal Etain - Cèdre.	• • • • • •	Myrtille - Avoine - Céleri Ellébore noir - Safran - Liseron Myosotis - Thé vert.
• • • • • • •	Eucalyptus - Joubarbe Ginseng - Sarriette - Cerfeuil Menthe - Laurier · Olivier.	• • • • • • •	Ellébore - Aconit - Plomb - Cyprès Jusquiame - Mousse - Lychen.
• • • • •	Cuivre - Mauve - Ambregris Lavande - Rose - Muguet - Violette - Pâquerette.	• • • • •	Fer - Ail - Verveine - Musc - Bruyère - Cornouiller - Poivre - Gentiane - Moutarde - Absinthe.
• • • • • • •	Lait - Rose - Sauge - Sureau Narcisse - Jacinthe - Corail	• • • • • • •	Piment rouge - Géranium - Ortie.
• • • •	Argent - Argile - Camphre Iris - Perle - Persil - Trèfle Coquelicot - Cresson - Nacre	• • • • • • • •	Eau de Mer - Algues - Pétrole - Laitue - Frêne - Nénuphar - Con- combre - Pastèque - Cresson - Courge.
• • • • • •	Fenouil - Anis - Noisetier - Millepertuis - Genièvre - Mercure vif-argent - Agate	• • • • • •	Valériane - Néflier - Saponaire Lierre - Plomb - Chêne - Jais.

CORRESPONDANCES AVEC LES MANSIONS LUNAIRES

Le *faquihi* (ou « prestre ») — mentionné par les voyageurs de la « Grande Ile de Madagascar » tel Luis Mariano, explorateur portugais en 1613 dont les vocalises furent coupées par les rapports qu'entretenaient les petits hommes noirs avec la Terre-Mère. Son successeur, un certain Flacourt (1661), rapporte les noms arabico-malgaches des Squilles (Figures) en correspondance avec des signes du Zodiaque et des Mansions lunaires :

Nom Malgache →	Nom Arabe →		Mansions Lunaires	
Alohotsi	الحوت	AL-HÛT « Les Poissons »	♓	27 28
Adalou	الدلو	AD-DALÛ « Le Verseau »	♒	
Alizika	اللحياني	AL-LAHIYÂNÎ « Le Barbu »		
Alinchussa	الناكس	AN-NÂKIS « Le Renversé »		
Alacossi	القوس	AL-KAÛS « L'Arc »	♐	20 21
Cariza	قبضة الخارجة	AL-KHÂRIDJA (KABDAT AL KHÂRIDJA) « La Poignée en dehors »		
Alohomoré	الحمرة	AL-HOMRA « Le Rouge »		
Alibiavou	البياض	AL-BAÏÂD « La Blancheur »		
Alacarabo	العقرب	AL'-AKRAB « Le Scorpion »	♏	
Alicozaza	الكوسج	AL-KOÛSADJI « Qui a la barbe clairsemée »		
Alimiza	الميزان	AL-MÎZÂN « La Balance »	♎	

• / • / •• / ••	*Adabara*	الدبران	AD-DABARAN	(Oeil) « du Taureau »	♉	4
•• / •• / • / •	*Alaazadi*	الاسد	AL-ASAD	« Le Lion »	♌	24
•• / •• / •• / ••	*Assomboulo*	السنبلة	AS-SUNBULA	« L'Epi »	♍	
• / • / • / •	*Tareche*	طريق	TARÎK	« Le Chemin »		
•• / • / • / ••	*Alissima*	الاجتماع	'AL IDJITIMA	« La Réunion »		
• / •• / •• / •	*Alocola*	الإكليل	AL IKLÎL	βδπ « du Scorpion »	♏	17

Tiré de G. Ferrand ; « Un chapitre d'astrologie arabico-malgache »,
Journal asiatique, *1905.*

Au XIIIe siècle, Hugo Sanctalliensis nous fournit des correspondances de la même veine quoique fort différentes *(voir page suivante)*.

	Mansion	Mansions Lunaires et Propriétés		
1	Anathet	An Nath	♈	Le ventre du Bélier - défavorable aux voyages par mer.
2	Abuten	Al Butayn	Fin ♈ début ♉	- Favorable à la recherche des trésors - réflexion et ambition.
3	Azoreï	Ath Thoraïa	6 étoiles ♈	- Pléiades ♉
4	Aldebaran	Ad Dabarân	Oeil du ♉	- Passions irrésistibles sous aspect de bonhomie. Succès par mérite personnel.
8	Anazra	An Natra	♋ et ♌	- La Crèche - Crédulité mais promet naissance d'amour ou d'amitié au cours de voyages.
	Al Miten		♊	Gémeaux
	Al Ziraen			
9	Atarf	At Tarf	Le Regard - ♋	- Décourage facilement. ☽ affligée
10	Aliaba	Al Galha	♌	Le Front du Lion - Rend sensible aux sentiments d'autrui.
13	Alawe	Al Awwa'	♍	Le Chien aboyant - Discernement.
14	Accimec	As Simâk	♍	Prudence - Analyse - Etudes - Expériences divinatoires
15	Algafre	Al Gafr	♍	Le Couvercle - Destructeur de la maison - défavorable aux relations familiales.
16	Azaubrun	Az Zubanà	♎	Les Serres - Vindicativité - protection de soi-même - favorable à la spéculation - non au commerce, mariage, voyage.
17	Aliclil	Al Iklil	♎ ♏	Al Calb - Le Crabe - Uniquement favorable à la découverte des ennemis.
19	Aixcula	As Savla	♏	☽ funeste - Méfiance vis-à-vis des liquides -
20	Al Naan	An Na(à)im	♐	Défavorable à la fixité de résidence.
21	Albedah	Al Balda	♐ ♑	Défavorable au mariage, enfants, contrats, liaisons.
25	Alabhia	Sa'd al Ahbiya	♒	L'étoile des Oubliettes - favorable uniquement à la revanche et aux effets de la médecine.
26	Alhout	Batn Al Hut	♓	Le ventre du Poisson

	Zenati	Santalla	Cattan Perruchio Agrippa	Crowley	Byzantins	Autres sources	Fludd	de Salerne	de Pisis	Agrippa
•• / •• / • / •	♉ ♎ ☉	☉ en ♒	☉ ♒	☉ ♌	☉	☉ ou ☉ en ♌	☉ ♒	☉ ♒	☉ ♌	*Regulus* 29° ♌
•• / • / • / •	♐ ♓ ♃	☊ en ♍	☊ ♍	♃ ♀ ☊	☊	♃ et ♀ en ♍	♍	☊ ♍	♃ ○ ♑	*Alpheca* 11° ♏
•• / • / •• / •	♌ ☉	♃ en ♈	♃ ♈	♃ ♐	♃	♃ et ⛢ en ♓	♃ ♈	♃ ♈	♃ ♓	*Arcturus* 23°15 ♎
• / •• / •• / ••	♐ ♓ ♃	♃ en ♉	♃ ♉	♃ ♓	♃	♃ ou ♃ en ♐	♃ ♉	♃ ♉	♃ ♐	*Vega* 14° ♑
• / •• / • / •	♉ ♎ ♀	♀ en ♊	♀ ♎	♀ ♎	♀	♀ en ♎ ou ♉	♀ ♎	♀ ♎	♀ ♉	*Alcyone* 29° ♉
• / •• / •• / •	♑ ♒ ♄	♄ en ♓	♄ ♓	♄ ♑	♄	♄ ou ♄ en ♑	♄ ♓	♄ ♓	♄ ♑	*Denel Algedi* 23° ♒
•• / • / •• / ••	♏ ♈ ♂	♂ en ♊	♂ ♊	♂ ♏	♂	♂ ou ♂ en ♈	♂ ♊	♂ ♊	♂ ♈	*Aldebaran* 8° ♊
•• / •• / •• / ••	♍ ♊ ☿	☽ en ♑	☽ ♑	☽ ♋	☽	☽ DÉCROISSANTE ⛢ (VOIR NOTE 17)	☽ ♑/♋	☽ ♑	☽ ♋	*Achernar* 14° ♓
• / • / • / •	♋ ☽	☽ en ♌	☽ ♌	☽ ♋	☽	☽ CROISSANTE en ♋	☽ ♌	☽ ♌	☽ ♋	*Capella* 21° ♊
• / • / •• / •	♊ ♍ ☿	♂ en ♎	♂ ♈	♂ ♈	♂	♂ ou ♂ et ♅ en ♏	♂ ♊	♂ ♊	♂ ♏	*Procyon* 25° ♋
•• / • / • / ••	♑ ♒ ♄	☿ en ♍	☿ ♍	☿ ♍	☿	☿ ou ☿ en ♍	☿ ♍	☿ ♍	☿ ♍	*Benthnash* 25° ♍
•• / •• / • / ••	♋ ☽	☿ en ♋	☿ ♋	☿ ♊	☿	♀ ou ♅ ou ♀ en ♎	☿ ♋	☿ ♋	☿ ♊	*Arista* 23° ♎
• / • / • / ••	♏ ♈ ♂	☋ en ♐	☋ ♐	♄ ♂ ☋	♄	☋ ou ♂ et ♄ en ♐	♐	☋ ♐	♄ ♂ ♏	*Tête d'Algol* 25° ♉
• / •• / • / ••	♏ ♈ ♂	♀ en ♏	♀ ♎	♀ ♉	♀	☿ ou ☿ en ♊	♀ ♏	♀ ♏	♀ ♎	*Antarès* 9° ♐
•• / •• / •• / •	♏ ♈ ♂	♄ en ♏	♄ ♏	♄ ♒	♄	♄ et ♅ en ♒	♄ ♏	♄ ♏	♄ ♒	*Algorab* 13° ♎
• / • / •• / ••	♌ ☉	☉ en ♉	☉ ♉	☉ ♌	☉	☉ ou ☉ en ♌	☉ ♉	☉ ♉	☉ ♌	*Sirius* 13° ♋

Tableau des différentes attributions de planètes et signes du Zodiaque aux Figures géomantiques

CORRESPONDANCE DE COULEURS AVEC LES FIGURES

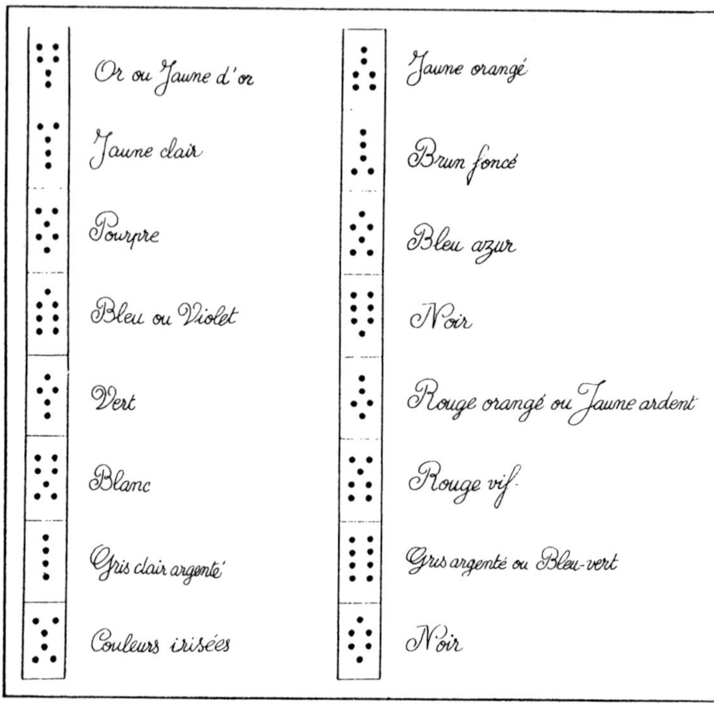

Le nombre 16 est associé par Pythagore à la Félicité (⁛ dans la Géomancie). Les Pythagoriciens faisaient de la « Tetraktys » (et aussi du carré de Quatre : Seize), la base de leur doctrine.

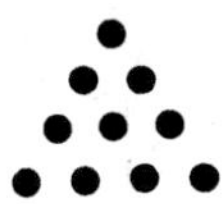

Tetraktys

L'arrangement en « carré magique » se trouve dans le *Ta Tai Li Ki* de la Chine antique, en relation avec le « Lo Chou » des Song, découvert selon la légende sur une carapace de tortue. Nous le retrouvons (même disposition, sous sa forme la plus simple : à neuf cases) dans le *Kitab Al Mawazm* de Jâbir ; il est attribué par les Arabes à Apollonios de Tyane.

4	9	2
3	5	7
8	1	6

Carré magique géomantique

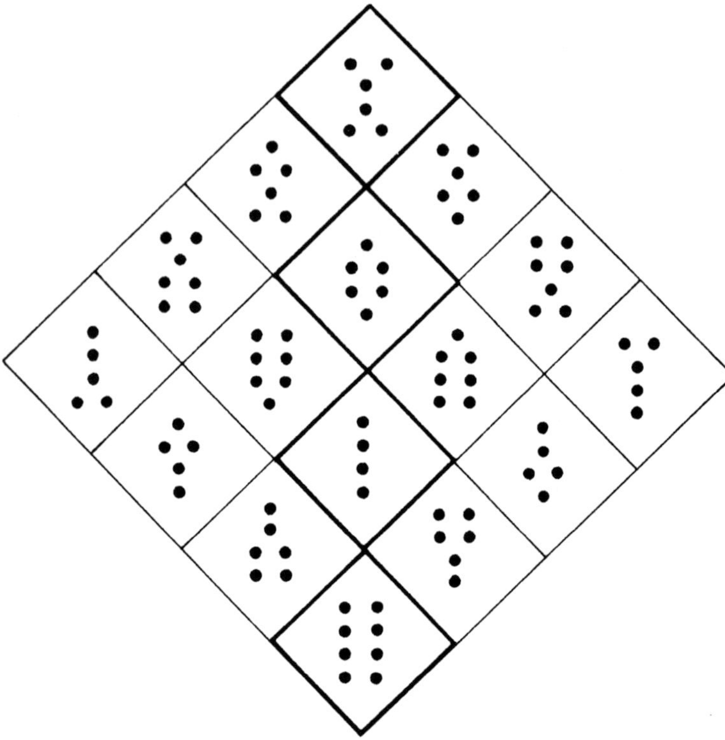

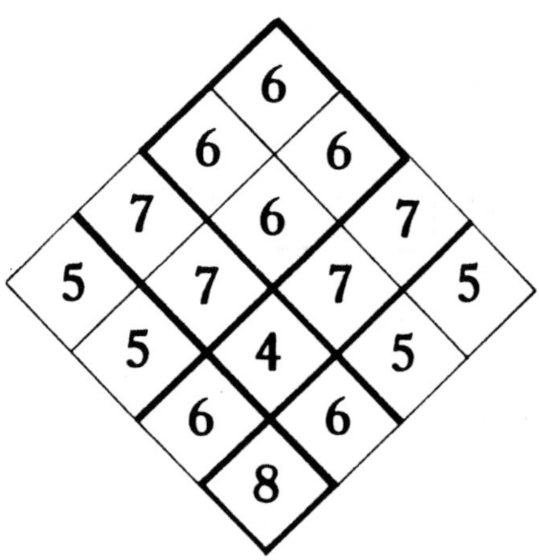
6
6 6
7 6 7
5 7 7 5
5 4 5
6 6
8

6	6	7	5
6	6	7	5
7	7	4	6
5	5	6	8

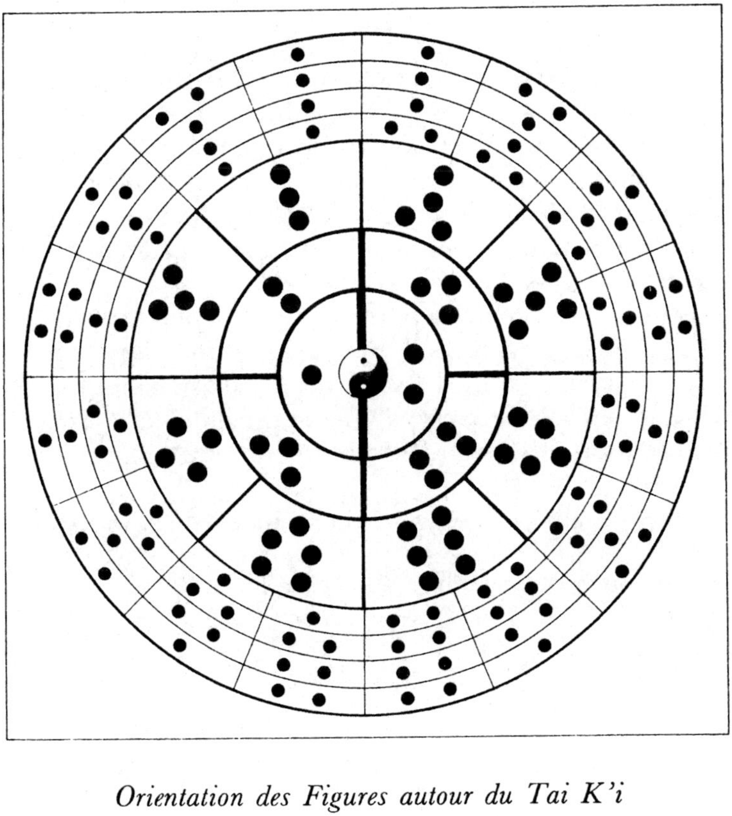

Orientation des Figures autour du Tai K'i

Les Figures constellées apparaissent comme le discours des « animae caelestis » dont le décryptage s'éclaire dans le creuset des valeurs de l'enfance. Les récits et les paysages s'emboîtent à l'image des *Contes d'Orient*. Les « Quatre Mères » nous mettent en présence d'un itinéraire d'approche, coïncidence épanouie dans les formes sur le mode réalisateur d'alternance de manifestation et de retour au non-manifesté. La manière dont les modes d'énergie se transforment ou se répètent, le mouvement qu'elles évoquent, tout cela met en scène le langage et la perception. Parfois, c'est la Synthèse qui retiendra l'attention ; il se peut même que cela soit la Figure XVI dans sa situation d'« hors-jeu » du thème, mais dont l'attitude est néanmoins liée au comportement du Juge et des deux Témoins. La manière dont les Figures se retrouvent, loin d'être hasardeuse, précise un climat spatio-temporel en un regard réconciliant le sens caché et le non-sens apparent.

La Quête Intérieure a pour but le détachement des facteurs d'alourdissement de l'esprit commerçant avec la peur, l'égoïsme, toutes les formes de dissuasion « asùriques » — et/ou l'échange s'effectuant dans la libération du potentiel de saisie poétique du monde.

« Awake ! awake o sleeper of the land of shadows, wake ! expand !
I am in you and you in me, mutual in love divine. » William BLAKE.

Les Figures de Feu

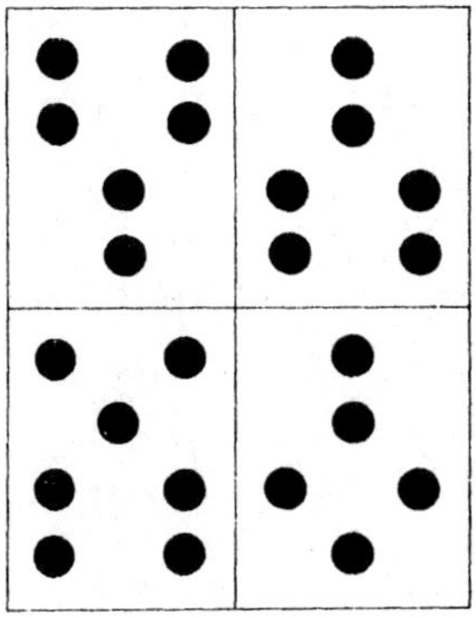

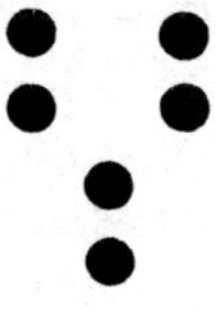

FORTUNA MAJOR

Noms : *El Naçra Ed Dâkhila* : le Triomphe intérieur ; *Al Ahasdi* : le Lion.

Nom populaire latinisé : « La Bienfaisante ».

Elle est pour Dante « le Soleil se levant à l'Orient ». Figure royale, solaire, victorieuse, toute accomplissante[18]. Elle développe la compréhension, dénote les circonstances favorables, les sentiments élevés, la co-naissance de soi. Elle est la Fleur qui s'épanouit sur la verticale, le Lotus qui a traversé les eaux. Elle est la Figure du Soi supra-individuel. Elle met l'accent sur l'honnêteté, la générosité, la loyauté, la dignité. Don Néroman la voit ainsi : « Une coupe debout. Tu dois l'imaginer fichée en terre comme le calice d'une fleur [...]. C'est une concavité orientée vers le haut. Debout, chacun peut y boire, mais le Ciel l'emplit. » « Fortuna regia », elle évoque le Suprême, le Soleil intérieur et l'Or alchimique qui est celui des Sages et qui en est la Flamme. C'est le cœur qui relie la Terre au Ciel, et dont l'être doit prendre conscience. C'est la Figure du Corps élevé en Esprit.

La Coupe[19] que l'on peut voir dans l'idéogramme est en analogie avec le mot grec *phérô* qui signifie : amphore, que l'on retrouve dans le sanskrit : *Bharami* (ce que l'on porte) de la racine *BHER* d'où proviendrait le mot *Fortuna*. Dans la structure, la Quaternité est élevée sur la verticale. Il s'agit de l'Or spirituel, image du Soleil dans la Terre. La Fortuna major correspond aussi au Diamant, aux états supérieurs de l'Être, à la maîtrise des passions, aux lieux somptueux, à la Myrrhe, symbole d'immortalité. La Fortuna major symbolise l'Identité suprême du Soleil intérieur, et de l'Or dans le Cœur de l'Être.

Le Cœur est le « lieu » où les Réalités transcendantes entrent en contact avec l'homme ; il est l'organe de l'intuition et de la révélation.

L'Auxillium Intus ou Fortuna major est l'Intelligence agente qui fait monter le Fluide dont il est question avec la Figure ⁙ Conjunctio.

Dans l'idéogramme se reconnaît la Fleur : émanation de l'un de la tige, au multiple, représenté par les quatre « pétales » de la corolle, et symbole de l'autre plan qui se révèle dans l'Ether, Akasha ou Centre du Cœur, où se trouve évoqué le transport dans une sphère différente de méditation, plus élevée :

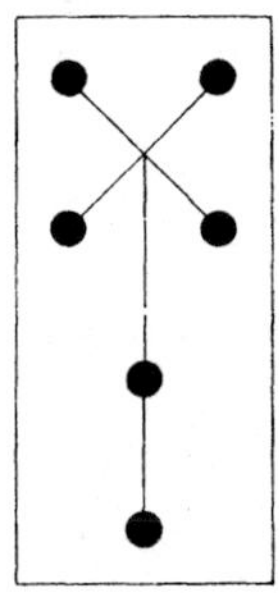

« Chaque pensée reçue du monde d'en haut te rendant indifférent pour le monde d'en bas est le reflet et l'éclat de cette coupe qui brille en dehors (du sac). L'homme désire ce monde-là. Si par contre il a un penchant vers le monde d'en bas, c'est que la coupe est cachée sous des voiles. » Rûmi, *Fîhi-ma-fîhi*.

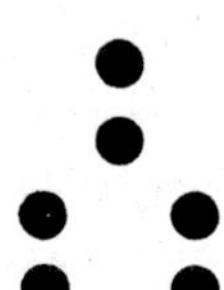

FORTUNA MINOR

Nom : *El Naçra El Khàridja* : le Triomphe extérieur.
Nom populaire latinisé : « L'Impérieuse ».

Figure du Soleil allié à Mars (ou Soleil « rétrograde »). On attribue à la Fortune mineure les « défauts solaires » tels que : vanité, orgueil démesuré, tyrannie, présomption, « être fatigant pour son entourage », etc.

C'est le Lion disciplinaire (« Il le faut » au lieu de « Je le veux »). Elle concerne l'abus de pouvoir ou son obtention par des voies illégitimes, de courte durée, instables, accidentelles. C'est le règne de la quantité plus que celui de la qualité. Son but est d'impressionner par le côté clinquant de la richesse extérieure. Elle concerne donc les Mages par rapport aux Sages, les *siddhi*, les « pouvoirs » trompeurs. Selon les anciens géomanciens, « le destin » se trouve par Elle, « propice aux ambitions médiocres, limitées aux bienfaits matériels ». Elle concerne les circonstances favorables prises d'assaut, teintées par le « moi ». Elle permet les réussites en dehors du mérite personnel. C'est l'éclat qui ne dure pas. Le coup de force sur lequel on ne peut se reposer. C'est souvent l'œuvre de pionniers, commandeurs.

Le Soleil martien correspond au « Moi vulgaire » : audace et orgueil, largeur pour soi-même et manque de générosité envers autrui. La personne qu'Elle désignera sera difficile d'accès ou bien l'accueil fera l'objet d'une propagande, d'un fanatisme. On y rencontre idéalisme, goût pour le faste ; le qualificatif de « chef » y a un sens, mais les géomanciens le trouvent la plupart du temps « irascible, imbu de lui-même et malheureux en affection ». Il y a un aspect d'exhibitionnisme tyrannique et frauduleux. Conquérants et dictateurs aiment à se retirer dans des endroits d'accès difficile tels que châteaux escarpés en des lieux élevés.

La Fortune mineure prédispose à des accès de fièvre, aux réactions brusques, exagérées (se voulant énergiques), aux troubles cardiaques. « C'est la coupe retournée, nous dit Don

Neroman, dont le contenu est inaccessible, mis en réserve au lieu d'être disponible. Idées de rationnement, de parcimonie[20]. Nul ne peut y puiser mais rien ne peut l'emplir. L'être ne vit que si le Ciel assure sa nourriture. Le Ciel nous donne l'abondance (⁘) ou la disette (⁖).»

La Fortune mineure correspond à l'Or allié, aux joyaux, à la couleur jaune orangé.

Dans le thème, la Fortuna Minor donne un succès conditionné, soumis au nivellement «par le bas». Elle caractérise souvent l'exploitation, le colonialisme, les pouvoirs stratégiques, les oppressions, les intérêts soumettant à l'esclavage…

«L'Accidentel Parfum du Musc.»

«Il ne faut pas s'attarder à l'accident (éphémère et instable) car l'essence est pareille à la poche qui contient le musc, et ce monde avec ses plaisirs ressemble au parfum du musc.
Or, le parfum du musc ne dure pas, parce qu'il est un accident. Si quelqu'un cherche le musc dans le parfum, sans se contenter du parfum seul, il fait bien.
Mais si quelqu'un s'attache au parfum du musc, il agit mal, parce qu'il s'est attaché à quelque chose que sa main ne peut tenir : le parfum n'étant que l'attribut du musc.
Tant que le musc demeure dans ce monde, nous sentons son parfum ; quand il se voile et retourne à l'autre monde, ceux qui vivaient à cause de son parfum meurent, parce que le parfum est inhérent au musc ; il est parti là où le musc se manifeste.» Mevlana Djelâl Ed'din Rûmi, *Fîhi-ma-fîhi*, trad. Eva de Vitray MEYEROVITCH.

RUBEUS
Nom : *El Homra* : le Rouge.
Nom populaire latinisé : « Le Déterminé ».

Le Rouge désigne tout ce qui a trait au Feu et au Sang : la révolte, la colère, le Feu intérieur porté à sa plus extrême intensité parmi les forces terrestres. Il concerne les attributs masculins portés à leur effervescence idéologique ; c'est l'énergie élémentaire du désir, l'impulsion brutale. On y voit : passion, tonnerre, rage, luxure, violence. C'est l'esprit de conquête, de vengeance, l'avidité de puissance, l'excitation, la stimulation, l'échauffement, tout ce qui brûle, intérieurement et extérieurement. Rubeus correspond au Coq, à l'Écarlate, à la Forge de Vulcain, aux effusions de sang. C'est la Figure de l'effort[21], de la lutte, de l'orage, de la guerre. Elle règne sur les endroits où a lieu une activité violente, rude, où la couleur rouge se trouve manifestée. On peut y reconnaître Rudrah des Védas, le péplos rouge de Dionysos, Vulcain ou Mars.

Rubeus correspond à l'œillet rouge, au rubis, aux objets rouges ou produits par le feu, aux personnes rousses, au métal en fusion, aux charbons ardents, aux maladies à caractère inflammatoire, à la fièvre, aux opérations chirurgicales et aux plaies ouvertes. Elle transporte le bouillonnement des esprits vitaux, la Rubification en alchimie où l'on sait que les trois luminosités primordiales sont le Noir, le Blanc et le Rouge[22].

Rubeus produit les éruptions volcaniques, les incendies, les états d'ivresse, le système carné, le brigandage, la cruauté, la grossièreté rougeoyante, porcine, la « gaillardise », la chasse, la voix tonitruante, les taches de rousseur.

C'est la figure de la chaleur. Rubeus est censée « dilapider ce qu' ⁙ Acquisitio recueille. Don Néroman, bien qu'inversant les Figures ⁙ et ⁙ Albus, y voit « l'Hermès cérébral venant au secours de l'Hermès profiteur ». L'idéogramme, donnant la suprématie à l'influx inférieur et le cœur de la Figure étant contracté, c'est la Passion, le Cœur, centre de la circulation sanguine ; son « nouage » signifie : embrasement du sang à ce niveau, chaleur s'accumulant.

Le Blanc et le Rouge corrompus donnent : le Puritanisme et le Libertinage. A leur extrême, l'un s'inverse dans l'autre ; une pâleur excessive annonce la congestion.

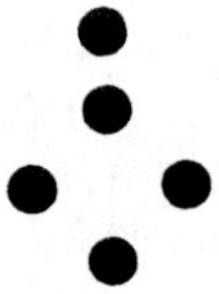

PUER

Noms : *El Gadile*, le Garçon ; *El Kusaj*, le Demandant[23].
Nom populaire latinisé : « L'Écervelé ».

Puer est la Figure du jeune homme aux valeurs de Mars en Astrologie. « Un rayon qui s'élance du Soleil et qui tend à s'affirmer individuellement », isolément. Elle dénote donc la résistance par rapport au milieu, appelant l'action impulsive. Puer concerne souvent la décision irréfléchie, l'élan incontrôlé, le coup de tête impulsif, la fermeté alliée à une tenace indiscipline. L'activité indépendante de Puer en fera un insoumis, un révolté, joueur, libertin, moqueur. La Figure Puer nous entraîne dans l'atmosphère surchauffée des tavernes, des cirques, des casernes, des gymnases ou des salles d'armes.

Puer est appelé aussi « L'Écervelé ». Il affectionne l'insolence et provoque au combat plutôt qu'à toute tentative de négociation tenue à ses yeux pour « faiblesse ».

L'idéogramme met en valeur les testicules.

Avec Puer, l'entêtement fera triompher la bonne ou la mauvaise foi, par la force despotique. La Figure concerne les muscles, la tête, la nuque, auxquels elle soumet aux accidents. Elle dénote l'ardeur, l'esprit de contradiction, le bellicisme, la recherche des climats d'agression, la franchise brutale, les exploits ; Elle est en affinité avec le fer, le musc, la couleur jaune ardent, le grenat comme gemme.

Puer dirige les aspirations de l'organisme terrestre vers une « expression propre », libératrice des contraintes internes insupportables. Il représente une conquête de l'espace dotée d'un arrière-fond « héroïque ». Il est encore Murugan, le dieu dravidien de la guerre, le fils héroïque de Ruhdra, Velan, le Porteur d'épieu, le Fils des Pléiades…

·:· indiquera dans le thème les efforts, le sens de lutte, et les difficultés, les résistances rencontrées…

Le manque de *tact* de ·:· , que la Figure complémentaire ⁚·⁚ cultive, est dû à l'immaturité (précipitation, actes inconsidérés) tandis que la violence de ⁚˙⁚ est « rentrée »

Les Figures d'Air

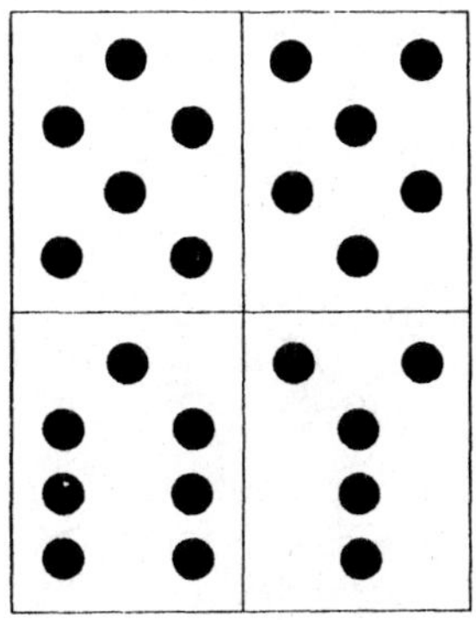

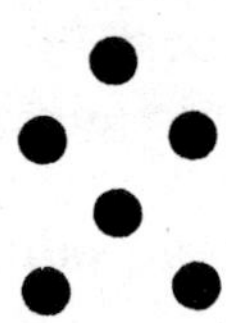

AMISSIO

Nom : *El Qabd El Kharidja* (« La Force qui prend à l'intérieur et qui disperse à l'extérieur »).

Nom populaire latinisé : « L'Effronté ».

Amissio désigne ce que l'être vivant laisse échapper, et qui tombe vers le bas, avec idée d'écoulement. Elle représente une bourse qui se vide, la notion de fuite, d'évasion[24].

Elle concerne la perte, l'appauvrissement des énergies, la dispersion, la pénurie, l'échec des entreprises. « Sous la pluie, précise Don Néroman, la végétation périt, et c'est le désert. Je vois dans cette structure un arbre dont le houppier se rétrécit, s'amenuise, il est en sève descendante. C'est le flétrissement, qui peut aller jusqu'à l'épuisement total car l'Arbre finit toujours par se dessécher et mourir. »

Donc symbole de déperdition, elle désigne l'abattement, la fatigue qui suit les périodes d'excès[25]. Elle entraîne la dissipation ou la diminution des ressources, la stérilité, l'asthénie, le déséquilibre nerveux. Elle prédispose aux névroses, aux névralgies, aux troubles psychiques. La partie supérieure de l'idéogramme (tête et cœur) représente un contenu que la partie inférieure disperse.

Elle représente tout ce qu'on « laisse tomber », soit par inattention, soit délibérément. Elle correspond aux glandes sudoripares, à la sueur, à la défécation, aux reins et à l'urine et d'une manière générale aux nerfs.

⁙ « Ce », pour les Yoruba, symbolisée par ailleurs par un croissant de lune dont les pointes sont en bas, se rapporte à l'objet ployé ou brisé. La Figure régit tout ce qui se brise, se décompose, « craque ».

En tant que disparition d'une situation oppressive, d'une entrave, ⁙ Amissio est favorable aux changements imminents. Elle indique alors la possibilité de l'usage d'une opportunité.

Symbole de limitations de la conscience aux choses de ce monde et de sentiment de culpabilité, Amissio appelle aussi au détachement, à l'endurance dans les épreuves traversées par le Pèlerin.

« L'échec est souvent l'accoucheur du succès. » MAO TSÉ-TOUNG, *La Stratégie de la guerre révolutionnaire.*

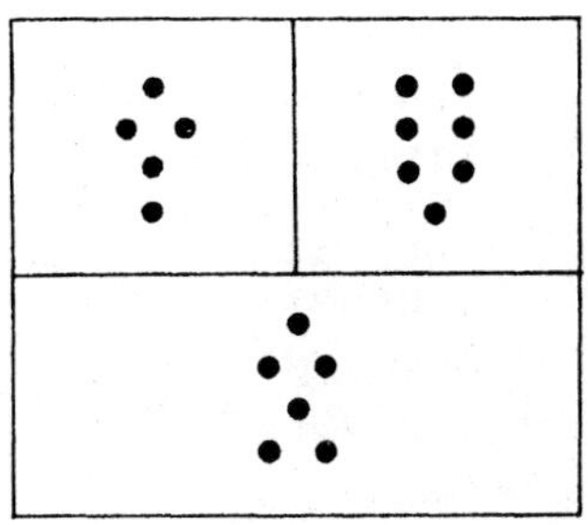

« Quand on a du chagrin, on est en vomissement. Après le vomissement viendra la joie, sans souci, une fleur sans épine, un vin qui n'engourdit pas. » RÛMI, *Fihî-ma-fihî.*

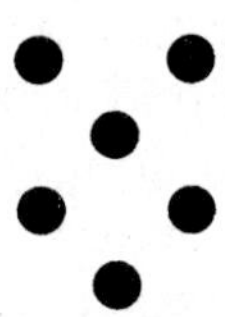

ACQUISITIO

Nom : *El Qabd El Dàkhila* (« La Force qui prend à l'extérieur et réunit à l'intérieur »).
Nom populaire latinisé : « Le Fortuné ».

Acquisitio exprime ce que l'être vivant, ouvert en haut, reçoit ; les influx supérieurs. Elle signifie : l'apport, l'accroissement, les bénéfices, l'action de construire. Elle gouverne les bons résultats, l'admission aux concours, tout ce que l'on capte, les possessions comme le vol.

On peut voir dans l'idéogramme l'image schématisée d'un sac dont la partie supérieure est ouverte tandis que l'inférieure forme un enclos. C'est le *qabbah*, sac à provisions — racine *qab* : idée de recevoir et de contenir. Le mouvement évoqué se rapporte aussi à l'inhalation. L'organisme s'emplit d'air avec Acquisitio et rejette avec Amissio. « Je vois, dit Don Néroman, dans cette structure, un arbre ; ses branches se développent et en particulier son houppier donne une fourche nouvelle ; il est en sève montante. Donc symbolise l'accroissement de l'abondance, l'enrichissement. »

Acquisitio concerne également l'ingestion des aliments. On la dit tenace, peu généreuse, vivant pour son profit personnel. Elle se rapporte aux affaires commerciales, à la notion de propriété, à tout ce qui est susceptible d'accroître les ressources. Elle préside aux constructions, organisations, etc. Elle se rapporte aux lieux de repos comme aux banques, grandes surfaces commerciales, etc. Elle correspond par sympathie magique avec les fruits mûrs, le bois de Santal, l'améthyste ou le saphir.

Acquisitio signe également la spiritualité des personnes que l'on appelle les « bons vivants » et, à un échelon encore supérieur, elle permet une connexion avec l'omniscience dans le Soi. On l'appelle parfois « Le Fortuné », et il y a là, encore, ce double sens qui sur le plan spirituel peut se révéler extrêmement bénéfique. Elle concerne alors : la nourriture saine, la confiance, le grand air, les savants et philosophes et l'art de vivre, les thaumaturges...

Acquisitio, symbole de la nourriture venant d'En-Haut, correspond dans sa partie nocturne à la gestation de l'être spirituel. La Figure se retrouve d'ailleurs dans l'Arbre des Séphiroth. La matière irradie ce dont elle se nourrit. L'acquisition-osmose-nourriture contient dans son processus une voie d'éveil aux potentialités de l'*être* — dans le sens spirituel (*Al Bâtin*) et non plus de l'*avoir* dans l'horizontalité de l'identification et de l'investissement léthargique au monde extérieur (*Al Zahîr*) où les affleurements de la supraconscience se trouvent trahis, confondus, réduits aux catégories stéréotypées du banal. Ainsi, l'« individu », qui croit être la somme de tout ce qu'on lui a appris sous les prétextes d'éducation, de religion, de civisme, de culture, se heurte aux contradictions insolubles de l'examen analytique normalisé, nivelé par le bas, l'immédiat, et ne tient plus compte des signes naturels subtils, in-formés à l'origine, qui lui permettraient d'appréhender en la vivant cette possibilité unique de connaissance entretenue directement par les rêves, expériences éveillées ou oniriques participant à la gestation de cette « seconde naissance ».

« Moi et ath-Tharâ (la terre profondément humide), nous sommes, en égard à la limite, également proches de Lui : je n'englobe pas ce qu'Il contient et ne connais pas ce qu'Il recèle, mais je demeure l'un de Ses serviteurs. Or, il ne revient à chaque serviteur que ce qu'il se propose. » Ibn'ARABI, *Shajarat al-Kaïou*, « L'Arbre du Monde », trad. par Maurice Gloton, éd. Deux Océans, Paris, 1982.

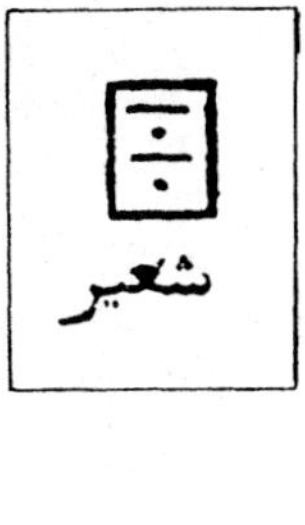

« Avaler (khasf) *signifie pénétrer dans le monde, devenir des gens du monde ; et vomir (*qadhf*) sortir du cœur. A l'instar de quelqu'un qui mange un aliment devenant acide dans son estomac : il le vomit. Si cet aliment n'était pas devenu acide, il serait devenu une partie de son corps.* »

RÛMI,
Fihî-ma-fihî.

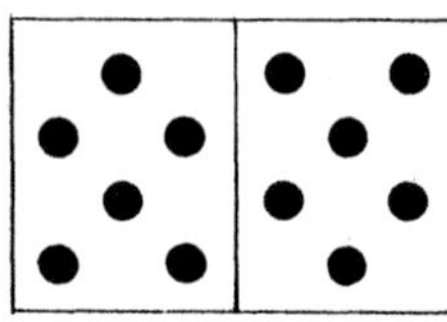

LAETITIA

Noms : *El Lahyan* ou *El Dahika* (le rire, la joie), « Le Barbu » ou « Le Vieux qui rit ».
Nom populaire latinisé : « La Généreuse ».

Laetitia, la Joie, encore appelée « La Généreuse », symbolise l'arc, l'édifice, le dôme et la barbe du patriarche ou du Vieux Sage. Il est à noter que le système pileux tient dans la symbolique géomantique d'Orient un rôle important puisque l'on retrouvera : ∵ Puella, « La Joue sans poil » et ∴ Puer, « L'Imberbe ». Laetitia exprime le bien-être éprouvé par rapport au milieu perçu, l'abri stable[26], le sentiment de sécurité. On la compare à Jupiter, au Jovis Barba, au jovial, au jeu aimable, au Ju-Pater (*Dyaùs Pitâr*), au Père Spirituel, *Pi* ou *Pit* étant l'Esprit, la Parole. Cette barbe est donc la «joubarbe» du Père Joyeux (Giove - Jehovah). Le nom latin *Laetitia* exprime joie, fécondité, etc. Il est la forme élargie de la racine *lae* ou *ghlei*, *laetus* ayant un sens de Terre féconde. Laetitia dénote l'expansion heureuse, l'enthousiasme pour les événements gais tels que jeux et fêtes, l'euphorie, ce qui participe, protège, l'éthique dans l'évolution, la hiérarchie (le Vieux «qui sait»). La Figure exprime l'esprit de synthèse, qui saisit la nature des énergies cosmiques. C'est le principe affirmateur de la vie terrestre, de la célébration, de l'exubérance naturelle dans l'innocence, de la joie de vivre qui parfois développe des qualités de séduction non exemptes d'exhibitionnisme et d'autorité.

Laetitia régit les organisations chaleureuses, la bienveillance, l'amour de la «bonne chère» ; Elle entraîne au «coup de fourchette» et aux plaisanteries. Elle indique la mine réjouie, l'aise, l'humour. Elle correspond au caractère optimiste, plus gai qu'instruit, large d'esprit, parfois superficiel et «grivois». Elle se rapporte aux protecteurs, mécènes, humoristes, taverniers, éditeurs, etc.

Évidemment, elle prédispose aux troubles du foie et de la vésicule biliaire, et à tous les excès «jupitériens» ainsi qu'aux maux qui en résultent. C'est aussi, par son dessin, la figure des poumons, des pectoraux et de la circulation artérielle. Elle est en analogie avec la cannelle, le saphyr et l'améthyste, le bronze, la couleur bleu-violet.

Jupiter transforme l'ego en «âme», la coopération sociale en communion religieuse.

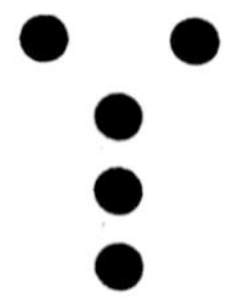

CAPUT DRACONIS

Noms : *El Atbat, El Dhakila* (« Le Discours de Pénétration » - « Le Seuil intérieur »).
Nom populaire latinisé : « La Prudente ».

La Tête du Dragon est la Figure de l'éveil, de l'élévation, de la vie jaillissante. Elle développe les facultés de l'âme et l'approfondissement philosophique du monde. Elle signifie : commencement, montée, harmonie, vigueur, paix. C'est une figure tonique et magnétique. Elle concerne le Guru en Soi, la Montagne, l'éveil de la Kundalini. Elle correspond au Mana, au voltage émané naturellement, à l'« extraordinairement efficace ». Elle exprime l'entrain, la souplesse, les actions gaies mais lentes, car « posées »

Elle indique le lieu où doit se forger le foyer de l'existence CONSCIENTE, concerne le messager, le guide, l'ascension, la métaphysique de la verticalité, le Jardin des Roses, la vigne, la symbiose avec la Nature.

Les anciens géomanciens l'associent à la moelle épinière, aux organes génitaux féminins, au cervelet et à ♃ et ♀ . Lui correspondent magiquement le girofle, la cornaline, la turquoise, le laiton, la couleur jaune. Dans le thème géomantique, elle exprime la vigueur, la santé, la nouveauté, la fraîcheur, la tranquillité d'esprit ; Ibn Omar (XIXe siècle) prétend que « cette Figure est de présage favorable. Qui l'obtient au premier ou second Khatt (en première ou deuxième Mère) voit ses soucis s'évanouir instantanément ».

La Figure concerne tuteurs et protecteurs, tout ce qui aide à s'élever[27], elle invite avec véhémence à ne pas perdre courage, elle initie par ses silences. Elle peut, située dans le cours d'une entreprise, donner une indépendance créatrice dans l'éclatement des cadres anciens.

Le Dragon de la connaissance ésotérique est l'énergie fondamentale qui est éveillée dans le Yoga Tantrique. La Triple Figure géomantique du Dragon (Caput/Via/Cauda) se réfère à l'expérience intérieure de l'Axis Mundi. Elle est encore comparée, en haut, au vol de l'Aigle, et en bas, au Serpent enroulé.

L'Axe du Dragon est celui de la Conscience et des Transmutations. Les deux Gardiens du Seuil : ∵ l'Initiatique et ∴ le Passage, situés sur l'Arbre des chakras au Mûlâdhâra, siège de la Kundalini, avec ∴ , et au Lotus-à-Mille-Pétales, avec ∵ . La Sâdhana du Yoga remonte le Corps subtil par un processus ascendant à partir d'une prise de conscience du centre de base où repose, endormie, l'énergie de toutes les réalisations.

Rahu, Tête du Dragon ou Nœud ascendant de l'orbite lunaire, est l'esprit qui cause des éclipses en essayant de dévorer la Lune et le Soleil. Il est appelé « Lumière du Soma », le Soma étant le breuvage d'Immortalité connu des Sages. « Déguisé en dieu, Rahu voulut boire sa part d'ambroisie ; le Soleil et la Lune le découvrirent au moment où le nectar coulait dans sa gorge. Il fut décapité par Vishnu à l'aide de son disque. Depuis, il existe une querelle entre la tête de Rahu ∵ et ses dénonciateurs : le Soleil et la Lune » (*Bhâgavata Pûrana*, 10, 8, 9).

On compare encore Tête et Queue du Dragon à Osiris et Seth (magnétisme du plan vertical ou *Djed* dans l'Égypte antique).

Selon Don Néroman : « Nous avons un animal à deux

yeux (à propos de la Tête). La cellule de tête acquiert des organes tactiles qui explorent le terrain, de simples antennes qui finissent par devenir des yeux. L'ennemi peut saisir le ver (référence à la Figure Via ⁞) mais non pas les rayons visuels immatériels qui relient le ver à l'objet lointain. [...] C'est un animal tendu vers le Ciel, la tête en haut — « ascendant » (tandis que .⁝. représente le même animal « descendant »). »

La Figure est analogiquement liée à l'« alpinisme sacré ». Le Seuil intérieur est la Porte du Ciel.

« Toi, ô un tel, si tu veux te délivrer en même temps que ton frère, ne tardez pas à vous résoudre au voyage. Attachez-vous à notre câble, c'est-à-dire (aux nœuds) du Dragon du Ciel de la Lune au monde spirituel, lequel domine sur les plages de l'éclipse. » SOHRAWARDÎ, *Récit de l'Exil occidental*, trad. par Henri Corbin.

« Aller en montagne, c'est sortir de ce qu'en langage religieux on appelle le monde, pour entrer dans l'univers. Il y faut donc des sens purifiés, capables de voir, d'entendre, de sentir, de faire comprendre des choses moins transitives que celles où nous vivons ordinairement, des choses sinon éternelles, du moins plus proches de l'éternité. Et la montagne qui nous permet de nous en approcher est certes éminente en dignité. » Paul GUITTON, *Le Livre de la Montagne*, cité par Roger Godel dans *Essais sur l'expérience libératrice*, Gallimard, 1952.

Le Voyage initiatique va de la *Cauda Draconis*, Figure située au plus bas de la verticale, à la *Caput Draconis*, par l'ascension du « Mont Analogue ».

« Le haut connaît le bas
Le bas ne connaît pas le haut.
On monte : on voit
On redescend : on ne voit plus
mais on a vu.
Il y a un art de se diriger dans les basses régions par le souvenir de ce que l'on a vu lorsqu'on était plus haut.
Quand on ne peut plus voir, on peut du moins encore savoir. »
René DAUMAL, *Le Mont Analogue.*

« En parabole, la création est pareille à de la glace et c'est Toi qui es l'eau jaillissante.
La glace n'est, si nous le réalisons, autre que son eau. Et n'est en cette condition que par des lois contingentes. Mais la glace se fondra et sa condition se dissoudra, la condition liquide s'établira, de fait. Les contrastes s'unifient dans une seule beauté. C'est en elle qu'ils s'anéantissent et c'est d'eux qu'elle rayonne. » Abd Al Karim AL-JILÎ, *Les Éclairs du Mystère dans les Singularités essentielles*, trad. Titus Burckhardt.

Les Figures d'Eau

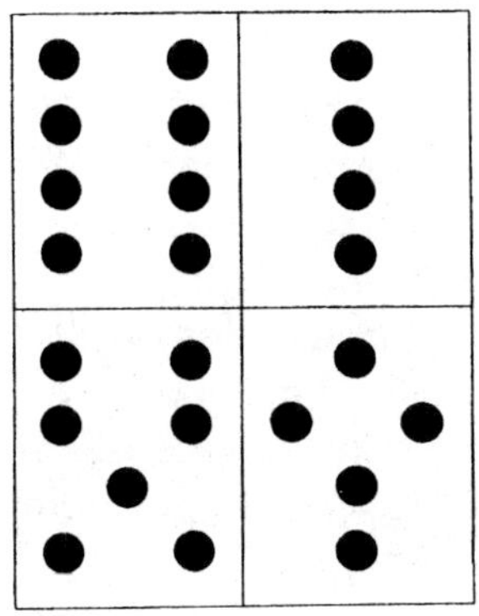

POPULUS
Noms : *El Djamà'a*, « L'Assemblée », « La Foule ».
Nom populaire latinisé : « La Bavarde ».

Populus, Figure de la multitude, la diversité indéfinie,

la collectivité pure, l'universalité. C'est la Figure de la Géomancie qui comporte le plus grand nombre de points.

« L'Assemblée » réunit la *Jamà'a* de l'Islam, autrefois la réunion des notables, mieux considérée que la « Voie » (Via) en laquelle on voyait l'Hérétique ou l'Étranger « de mauvais augure ». Aujourd'hui, obéissant au renversement des valeurs, où la boulimie du sens commun domine en dictature la pensée, elle représente la plupart du temps les forces parallèles non concourantes, le rassemblement désordonnée, la bousculade.

Cette pluralité doit être compensée par la vision. Délire de mots aux limites de l'esprit humain et mimétisme tels que les enfants en donnent parfois l'image. Populus est nommée « La Bavarde » au XVIe siècle. Don Néroman voit en cette Figure « les mouvements rapides et inattendus, les remous de foules ». La racine du mot « Populus » est *bal* : sens d'exagération, paroles, bouffonnerie et « diableries »... Elle exprime la mobilité, la vastitude déconcertante. Elle se rapporte aux grandes villes, aux grands rassemblements de population, où l'on s'amasse, où l'on se trouve concentré et plus ou moins hypnotisé par l'afflux d'impressions sensorielles. La Foule ne pense pas, « on » lui infuse sa pensée. Un géomancien dit quelque part que « Populus n'a pas d'âme ». On peut lui attribuer la fausse sécurité, la médiocrité, la surabondance de contacts qui mène à la folie. C'est une Figure qui prédispose aux refroidissements, aux maladies ou accidents causés par l'eau, à une mauvaise circulation du sang, elle est impliquée dans le phénomène de fermentation dû à l'influence de la Lune. Elle peut donner des douleurs d'estomac, et amener rhumes et bronchites... L'afflux d'impressions sans réelle participation est encore susceptible de provoquer des troubles de la sensibilité et du psychisme.

C'est la masse neutre, la collectivité indifférente, le troupeau passif, les conditions collectives primant (pas toujours dans le mauvais sens) sur la volonté individuelle. Elle empêche l'intimité, s'occupe de tout ce qui ne la regarde pas.

C'est encore l'instinct grégaire, le domaine du « public », les activités populaires, les marchés, tout ce qui est « commun », les commerces de vins et spiritueux, les chroniqueurs, les attractions foraines, les camelots et aussi les marins, les pêcheurs, la navigation, les mers et les océans.

Populus correspond à la perle, l'iris, l'argent fin, le blanc argenté, l'ivoire, la nacre et le cristal de roche.

Elle produit un caractère impressionnable, soumis, fantasque et indiscret, mélancolique, donne les formes arrondies, assez lourdes, le regard vague et les yeux humides.

Certains géomanciens lui attribuent une « fécondité mauvaise » (par rapport à Via). Elle signale souvent des idées embrouillées, « trop de monde » en même temps. Elle est certainement liée astrologiquement avec ♆ Neptune.

La gesticulation extrême de Populus empêche de rester en place. La Figure caractérise également la petite enfance, où l'on bouge sans cesse et où l'on est fasciné par le monde des adultes, par les ambiances, où l'on apprend à parler. Dans ses extrêmes, Populus rejoint l'agitation « choréique », les danses de possession, l'hyper-imagination médiumnique.

Dans le thème, elle peut signifier l'influence de l'opinion publique (concourante ou non).

« La foule anonyme aggrave parfois la solitude morale, mais elle a l'effet tonique de rendre l'homme moins seul avec son corps. Pour l'être qui se déplaît physiquement, la foule est un baume. Qui donc osera enfin prescrire à la femme qui se lamente sur sa beauté qui s'en va, au lieu de bain de lait et pots de fards, bain de foule. » M. De CHAZAL, *Sens plastique*, Gallimard, 1948.

La multiplicité des contacts superficiels entraînés par ⁞⁞ place le champ de conscience sur le plan du « Bateleur », appelé « Le Bagatin » dans les tarots des Visconti, dont la main droite est située au-dessus d'un éventail de pierres disposées sur une table, parmi lesquelles on discerne un « chapelet géomantique ». De sa main gauche, il tient la baguette en contact avec la table. Dans le tarot de Marseille, la baguette est levée vers le ciel.

⁞⁞ en tant qu'accumulation du monde en nous est le lieu où l'on cherche à se sécuriser. ⁞ est la traversée de ce miroir.

Avec ⁞⁞ Populus, la valeur verticale de Via ⁞ est répandue dans les côtés comme le sont les couleurs de l'habit du Bateleur, et la boule qu'Il tient de sa main droite au niveau du plexus solaire (tarot de Marseille) apparaît et disparaît au regard du public, scène illustrée par Hiéronymus Bosch (*L'Escamoteur*) ; illusion des apparences, Voile de Maya, source du Cosmos et de la conscience qui le perçoit, issu et revêtu du non-savoir, et cause des apparences.

« L'Unique véritablement réel est diversifié par l'illusion (Mâyâ) ; de même la lune, qui est unique, semble multiple à celui dont l'organe visuel est défectueux, la corde apparaît comme un serpent ou un filet d'eau. La multiplicité n'existe pas, le Soi ne comprend pas de parties ; ce qui comporte des parties est diversifié par le changement de ces parties, comme la terre par les différents objets, un pot, etc. » SHANKARA, *Mândûkya Kârikâ Bhâshya*.

« Dans l'ignorance, celui qui voit devient ce qui est vu, dans la sagesse, il est le voyant. » NISARGADATTA MAHARAJ, *Je suis,* éd. Deux-Océans.

Vivre au niveau de la Conscience se démarque des contraintes et des refuges dans les normes symbolisées par l'« assemblée du Temple » : Populus, qui témoigne d'une soumission « à la masse » et à la forteresse du « même », de nature coercitive, que représente ⁘ Carcer, où il est toujours question de normes ; ainsi la ⁞ Via s'en écarte, s'éloignant de la famille, et se confronte avec les Valeurs dans la ⁙ Conjunctio, Valeurs du Divin ; hors du Temple, se situe le départ des routes. Il y a dans le langage de ces quatre Figures Mères les quatre termes d'une double inversion des valeurs du Profane et du Sacré comme il y a dans Via l'image du « Mat » du tarot qui fuit le « monde » de Populus, le Singe-Pèlerin qui est le Simple d'esprit en rapport avec la Vie, et de ⁘ Carcer à ⁙ Conjunctio une transformation des valeurs dans les rapports du même à l'autre d'où Prise de conscience.

« De ce ciel surgissent les quatre fondements sur lesquels repose le siège de la conscience [...]. Il s'agit des deux causes et des deux piliers : la cause du lourd et celle du léger, le pilier de la séparation et celui de la réunion. » Ibn ARABI, *L'Alchimie du bonheur parfait*, trad. St.-Ruspoli, éd. Berg International.

La faiblesse et la force de ⁞⁞ est de se mettre en osmose avec la figure qui lui est accouplée. Cela, dans le domaine des contacts sans réel échange ni compréhension. Elle est un masque constamment changeant qui s'imprègne du climat ambiant à un niveau de perception qui se rattache aux attitudes adoptées dans la très jeune enfance. Cette osmose est vue par les Bokos africains comme « Le Caméléon » et la ruse.

A la fois miroir des pulsions, quête d'identification, puissance magique (où l'acteur risque d'être joué par les forces mises en œuvre) et évocation du Soi universel, immuable, non affecté par les apparences contingentes, le masque de Populus est alors le foyer de manifestation traversé par Via.

Les deux aspects des choses existantes constituent, dans la vision orientale, le jeu entre l'Un-ité et le Multiple. Aspect tracé, délimité, individualisé, où il y a révélation sous la forme de choses partielles, relatives, déterminées, avec ⁞ Via au sein de ⁞⁞ Populus, et une forme phénoménale englobante avec ⁞⁞ Populus, qui brouille la vue et incline à une inflation de la perception à tel point que toute marge disparaît. Cependant, la *Jamà'a* rassemble tout ce qui constitue le monde phénoménal avec un sens de mise en forme. Mais c'est aussi la Lune, se reflétant sur plusieurs étendues d'eau ou le *Hun Tun* (Chaos) de Tchouang Tseu.

VIA

Nom : *El Tarîq* (« La Voie »), « Le Chemin ».
Nom populaire latinisé : « La Voyageuse ».

Via, la Voie, la route, le chemin, le voyage et le voyageur — partir, errer, visiter —, le véhicule, la ligne de vie, la conduite...

Via représente une direction qui se détermine au sein

de l'espace rempli en tous sens. Direction choisie entre toutes, se réalisant par étapes intermédiaires, d'où l'idée d'itinérance, d'étirement en longueur, le côté laborieux, l'inexpérience, la naïveté, l'ignorance, la simplicité d'esprit.

Le nom arabe de la Figure, *El Tarîq* (*Tarka*, *Tariqa*), évoque la voie ésotérique du soufisme : cours, règle de vie. L'ordre derviche est d'ailleurs appelé *Tariqa*. Il est question de « La Voie » dans toutes les grandes traditions spirituelles. « La Voie qui est une voie n'est pas La Voie », dit Lao Tseu. « La Voie, dit encore Liou-Kia-Hway dans sa préface à la traduction de Tchouang Tseu[28], comporte deux significations qui s'opposent en se complétant : la voie a pour but d'aboutir quelque part dans le monde ; d'où le terme final nécessairement visé par la voie. Si ce terme final fixé une fois pour toutes ne peut plus être reculé, la voie n'existe plus, d'où l'impasse [...]. La voie tend toujours vers un terme final mais n'y aboutit pas. » On pourrait également citer Alan Watts : « Être ou suivre sa propre voie signifie à la fois s'accomplir soi-même et se limiter soi-même » (*Mémoires*, Fayard, 1977).

La Voie est, en Géomancie, celle qui relie les complémentaires et opposés. En effet, si l'on « fusionne » Via avec n'importe quelle Figure, on obtient l'illustration de cette dialectique.

Dans le thème, elle peut concerner la solitude, l'errance, les transports lents, le lymphatisme, l'hésitation, l'ajournement, le début, les tout jeunes enfants, les choses élémentaires[29], la pauvreté, la mollesse, le laisser-aller, l'indétermination...

La Via évoque pour Don Néroman « l'animal simplifié à l'extrême, qui chemine droit devant lui, [...] ce n'est pas l'être vivant organisé, c'est son ébauche, son amorce, qui va droit devant lui sans rien chercher ni éviter parce qu'il ne perçoit, ni ce qui lui plairait, ni ce qui le menacerait ». Les anciens géomanciens lui accordent beaucoup de mémoire malgré le côté restreint de ses facultés mentales ; ils lui donnent comme correspondances : la colonne vertébrale, l'urètre, l'œil gauche, les troubles intestinaux, et encore : la couleur blanc jaunâtre, le camphre, la pierre de lune, l'opale, le jade blanc, l'argent allié et, bien sûr, l'humidité, la lune.

Lorsqu'elle se répète dans plusieurs Maisons consécutives, elle indique une durée prolongée. Les choses attendues traînent en longueur.

Elle est encore appelée « La Voyageuse ».

Via ⁞ est la Figure qui se dégage du monde (symbolisé par ⁞⁞ Populus). Elle évoque Tchouang Tseu, Brug-Pa-Kun-Legs, Han-Shan, Lao-Tseu, de même que tout pèlerinage vers l'Orient intérieur de l'Être.

« Il n'y a qu'un voyage : celui vers la Lumière au-delà de la lumière. Cheminement sans chemin. Trajectoire sans trajet car sans distance.
Dans un tel Voyage, où sont passés les voyageurs ?
Le chemin laisse tomber le but. Le départ se passe de l'arrivée. Alors le voyageur devient le chemin. Il l'était déjà sans le savoir et ce n'est pas le savoir qui le lui a dit... » Daniel GIRAUD, *Les Étoiles en plein jour*, L'Originel, 1984.

Aux dogmes suggérés par ⁞⁞ Populus, où la cité prédomine, ⁞ Via est la traverse où la vérification intérieure et personnelle passe par l'aventure, l'expérience mystique, la subjectivité comme vérité de présence à soi-même.

La Géomancie malgache confère à ⁞ Via la solitude, tandis que pour les Bokonos d'Afrique, *Gbe*, régissant les rivières, annonce une chose en bonne voie mais signale le délai dans les réalisations tout en invitant à « se débarrasser du pesant, du grossier ».

Avec Via, une quête de l'Autre est suscitée mais susceptible de se modifier sous l'effet des influences.

« Sable en feuilles dessinées, feuilleté de hasards. Notre destin s'en va d'un sable à l'autre, c'est l'éphémère. » Armand ROBIN, *Ma vie sans moi*, Gallimard, 1970.

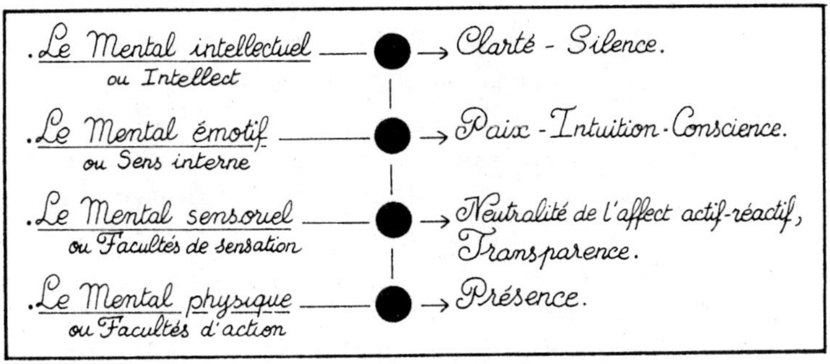

Les quatre niveaux de la Figure Via

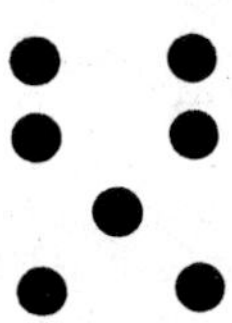

ALBUS

Nom : *El Beyàd*, « Le Blanc », « La Blancheur ».
Nom populaire latinisé : « La Judicieuse ».

Albus, en latin, signifie « blanc » (dérivés : aube, album, albumine). C'est la Figure de la quiétude, de la paix intérieure, de la lumière, le silence qui précède la naissance, la transparence, l'esprit religieux, la méditation...

L'Eau y prend ici un sens de purification et d'action régulatrice et apaisante. Don Néroman y voit « la philosophie souriante », Dante : « Le Mercure en Verseau ». Elle tend vers la spiritualité avec un sens parfois esthétique, rapport avec les livres, l'étude, l'érudition, l'intelligence intuitive, l'amour courtois, l'ange, la maternité, les draps, le papier, les nuages. Albus correspond à l'Œuvre au blanc en alchimie, à l'ablution, au Levant. C'est la Figure de l'indépendance, de la vacuité. On peut y reconnaître Prajña, vêtue de blanc, symbolisant l'intuition dans le yoga. Elle est associée encore au calcaire, à la pâleur, à la nudité, aux arts académiques, à l'Ouranos originel.

Avec Albus, nous avons affaire à tout ce que peut nous faire découvrir l'observation silencieuse, la tranquillité de la pensée.

Appelée « Candidus » par Santalla, elle évoque à la fois la candeur et la candidature, la richesse en potentiel, les préparatifs à un changement de condition, la vocation du devenir.

« Le Blanc, disait Jean Carteret, représente quelque chose qui n'a jamais été appris. »

Le Blanc, figure de la neige et du nord.

« L'esprit de la neige la laisse tomber par sa propre force ; elle a un esprit spécial, ce qui monte d'elle est comme de la fumée, et son nom est fraîcheur. » *Livre d'Enoch* (LX, 18).

L'état subtil et diaphane d'⁘ Albus évoque la Présence dans le Maintenant où, tandis que l'image te regarde par ton regard, c'est par son regard que tu la regardes.

« Tu dois être limpide et habiter l'instant, pour qu'en toi Dieu se voie et doucement repose. » Angelus SILÉSIUS.

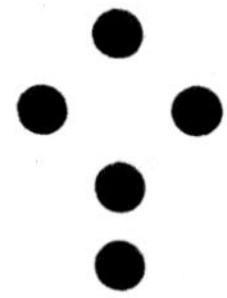

PUELLA

Nom : *Naqî El Khadd* («Pur de Joue»).
Nom populaire latinisé : «La Pucelle».

Puella, Figure représentant la Jeune Fille. Le niveau «cœur» de la Figure, en extension, visionné comme les seins. Nous nous en tenons à cette interprétation, quoique la Figure ait souvent été inversée[30].

La Géomancie populaire l'appelle «La Pucelle». Elle correspond bien chez Zénati à Vénus. Vénus «Anadyomène», sortant des eaux ; la Déesse qui garde l'eau et la vie. C'est encore Vâruni, fille de Vâruna, dans la mythologie indienne, déesse du Ciel et des Eaux, la Vierge dans la Tradition hermétique... Douceur, grâce, sens de la séduction, pudeur et sensualité sont ses attributs. De Puella émane l'art de sentir ; active dans la passivité, elle éveille la forme réceptive, naturelle, dynamique, changeante. Avec elle, vont l'assimilation, le sens esthétique, le tempérament amoureux, l'inconstance et la tendance à l'ironie moqueuse.

La Fille (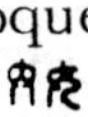 , «Nû», anciens idéogrammes chinois) est associée à l'Eau pure, providentielle par rapport à l'homme menacé par les eaux.

«Il y a deux sortes d'eaux : sous le firmament : les eaux inférieures qui aveuglent, au-dessus du firmament : les eaux supérieures qui illuminent.» Giordano BRUNO.

Dans une exquise douceur et un climat de tendresse et de charme incantatoire, l'Initiatrice transfigure le monde par le sourire et la radieuse beauté ; expérience de la nouveauté, de la fraîcheur, de la contemplation où se dessille l'Œil-du-Cœur. ∵ Puella est appelée « Mundus Facie » par Santalla.

La Figure est associée à la confirmation, au besoin absolu d'être, magnétisé par l'éros et une certaine magie. *Naqî El Khadd* (« Pure de joue ») parfois nommée *Mu Tasim*, l'inaccessible, le pur, l'intouchable, évoquant Durga, en tant que Maya-Shakti, dans l'hindouisme.

« La Mâyâ-Çakti est personnifiée comme l'aspect féminin, maternel, protecteur du monde, de l'Être Ultime ; en tant que telle, elle représente l'acceptation spontanée, aimante, de la réalité tangible de la vie. Supportant la souffrance, le sacrifice, la mort et les privations qui accompagnent toute expérience des choses transitoires, elle affirme, elle est, elle représente le délire des formes manifestées, et en jouit. Elle est la joie créatrice de vie : la beauté, la merveille, la séduction du monde vivant. Elle instille en nous l'abandon aux aspects changeants de l'existence, elle est cet abandon même. La Mâyâ-Çakti est Eve, « l'Éternel Féminin », *das Ewig-Weibliche* ; celle qui mangea et poussa son époux à manger et était elle-même la pomme. » Heinrich ZIMMER, *Mythes et Symboles de l'Inde,* Payot, 1951.

« Trouvant la volonté humaine incapable d'aider l'homme à transcender sa condition, Durga, dont la grâce et la miséricorde sont inépuisables, lui offre sans relâche sa volonté rédemptrice à côté de sa volonté humaine, afin qu'il puisse avec cette aide sortir de Mâya. » Swami NITYABODHANANDA, *Mythes et Symboles de l'Inde,* Maisonneuve, 1967.

Qu'elle soit associée à Vénus ou à Ptah (représentée chez les Égyptiens par les ondes de l'Eau primordiale donnant naissance à l'affinité élective du Désir-Amour), Puella est muse inspiratrice du poète, compagne initiatrice et vestale dans le cœur de l'homme.

Eau divine ou Eau de Vie chez les alchimistes, Puella est illustrée par les héroïnes de la poésie courtoise arabe avec Sa'da, Lubnâ, Layla, dans les tantras de l'Inde avec la déesse Târâ, « Celle qui fait traverser », associée à l'Étoile, ou Tripura en qui les trois formes de lumière sont réunies, ou encore Kamalà, la Fille-Lotus.

⁘ Puella trouble, fascine, ravit.

Elle régit le sens de la décoration, les arts, la musique, l'aptitude aux jeux mondains.

Elle fait les musiciens, les chanteurs, les poètes, esthéticiens, coiffeurs, parfumeurs, couturiers, artistes...

Elle montre les parcs, les fleurs, les commerces de luxe, la mode, les concerts, la parure et l'agrément, la délicatesse, la coquetterie, les objets féminins : gants, bagues...

Puella correspond aux visages rieurs, aux seins, aux épaules, aux organes sexuels, les ganglions... Mal placée, elle peut causer les troubles de la croissance et de l'assimilation de même que les maladies vénériennes.

On lui attribue, par sympathie « magique », la couleur verte, la lavande, le cuivre, bien sûr, le jade vert ou l'émeraude. Elle régit le sens du toucher.

Dans le thème, elle désigne les plaisirs, la gaieté, la présence de la féminité, la frivolité, la Femme. L'analogie avec le vert s'éclaire par la racine *KHD (Khadîr)* signifiant : être vert (le nom arabe de Puella étant *Naqî El Khadd*). C'est la couleur associée à Vénus. La Figure Albus, également associée à cette planète, dépendrait de

Vénus « Uranie » tandis que ⁘ Puella concerne Vénus « Astarté ».

Don Néroman y voit « l'hermaphrodite devenant femelle [...], l'imagination fait voir la féminité entrouverte », et encore : « ... sur l'inversée, tu vois la virilité dressée vers le haut, et reposant sur le soubassement qui alimente la sève [⁘] ». Ailleurs, il compare Puella à « la facilité, l'agrément, la passivité esthétique, le besoin de séduire, la rêverie, l'indolence heureuse. Les croyants, les poètes... »

Les Figures de Terre

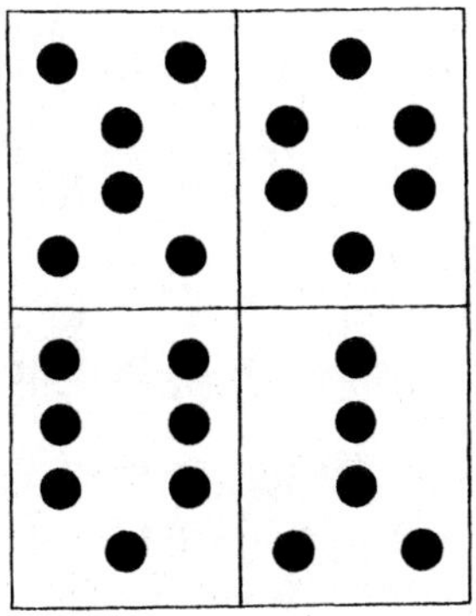

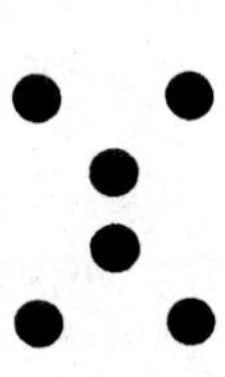

CONJUNCTIO

Noms : *El Idjitimâ'a* (« La Rencontre »), *Er Rajà* (sens de requête : espérer, demander, prier).

Nom populaire latinisé : « L'Inconstante ».

La conjonction, le principe de communication, l'union des opposés ; Figure de la relation, de la réunion, principe d'extériorité, centripète, facilité des échanges, des contacts, des rapports, des affinités, l'union des forces physiques, morales ou intellectuelles. Dans le monde extérieur, elle exprime l'attirance de deux choses ou personnes ; intérieurement : une volonté fermement arrêtée, une décision. Elle dénote l'ingéniosité, l'esprit subtil, plus à l'aise dans le concret que dans l'abstrait (élément Terre) ; la souplesse, l'agilité, la diplomatie « mercurienne », les actions tendant à l'union. « Le Soi en lequel je suis inclu en inclut également beaucoup d'autres » (l'expérience de la Conjunctio selon Paracelse).

Conjunctio est donc en rapport avec le principe du Mercure, Hermès dans la Géomancie. Hermès-Thot était appelé par les Grecs « Le Dispensateur de l'Entendement », « L'Accoucheur des dieux », « Le Mélangeur de souffles », « Celui qui éveille l'énergie de synthèse créatrice ». *Conjux*, de la racine sanskrite *Yug* (*Yog*) : idée d'atteler puis de joindre, union corps-esprit du yoga, fusion mystique, trans-formation.

Conjunctio est le symbole et le rapport du Ciel sur la Terre.

Le lieu de jonction, c'est le point de transmutation entrevu dans un éclair. La voie qui unit le Ciel et la Terre, « voie qui doit matériellement, humainement exister, sans quoi notre situation serait sans espoir » (René Daumal).

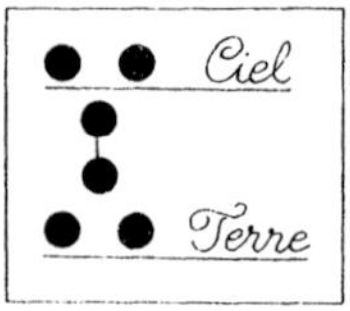

Dans le thème, Conjunctio dénote vivacité, perspicacité, facilité d'échange, de communication, bon sens naturel, intelligence pratique, démarches en vue d'association, fréquence des entretiens, invitations, contrats, nécessité de s'occuper de sa santé (en VI), rencontres importantes, entretiens sur des sujets élevés, aide à sortir d'embarras, favorisant les voyages rapides, les enfants, les écrits...

Avec ⁙ Conjunctio, va le « dessillement » ; la vigilance est requise ; l'appel de quelque chose de son être s'exprime par le rapport que l'on a aux choses, par le rapport entre le monde des apparences extérieures et le monde spirituel qui est le caché.

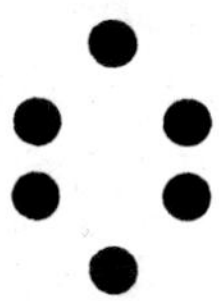

CARCER

Noms : *El Tiqaf* (« L'Arrêt »), *El Ouklah* (le lien, la prison, l'étranglement, l'étau).
Nom populaire latinisé : « La Crasseuse ».

Carcer se referme sur elle-même. Elle exprime la contrainte, ce qui se met en travers du chemin ; elle immobilise, bloque, isole, enferme, cache.

Désir de maintenir, de contenir à l'écart (racine *Arx* ou *Ark*), en retrait. Une « carcère » : une prison. *Kher-Kher :* cailloux roulés, pulvérisés dans un étau (racines du grec ancien).

Carcer indique la restriction des possibilités d'expansion, l'hibernation, la solidification, le règne minéral, en analogie avec le squelette, l'os, le calcium, les choses cachées dans l'obscurité, les entraves de l'investissement où l'ego l'emporte toujours au niveau des apparences. Elle correspond à l'« humeur noire », à la fixité, la fixation — imperméabilité, immobilité liée aux maladies —, aux formes carrées, à l'intelligence concentrée voire opiniâtre, à l'enceinte, l'enclos, à la pression et à la tension interne. « Cette structure qui nous enferme dans un hexagone, donc dans la Matière, suggère, dit Don Néroman, l'ensemble des obstacles matériels que nous avons constamment à vaincre pour évoluer. » Obstacles intimement liés aux habitudes, à l'« appris », à l'hérédité... « Ainsi qu'un lourd navire lançé sur sa route, poursuit-il, la vitesse acquise lui IMPOSE la route, et le coup de gouvernail qui changera la route luttera d'abord contre celle imposée par le parcours antérieur. »

Mais Carcer est aussi le château fort, qui préside à la rentrée et à la traversée du microcosme. L'intériorisation transmutatoire dans laquelle la porte donnant sur la ville doit être fermée solidement tandis que l'on se propose d'ouvrir celle donnant sur la plaine immense. Carcer contient bien l'idée de serrure. Il est question ici de clore et d'ouvrir.

L'attachement au câble, le « nouage du fardeau » chez les Yoruba, la « corde , c'est aussi la « barre », le principe axial, que l'on tient malgré les déceptions.

Cet Axe (contenu dans Carcer), c'est ⁙ Conjunctio, reliant la Terre au Ciel.

Le froid, le noir, le plomb.

Le machiavélisme, la comptabilité, la mécanique, l'enregistrement, le contrôle...

Dans l'organisme : les os, les dents, les méninges, l'estomac, la constipation, les rhumatismes, les varices, tous les maux qui proviennent de la mauvaise humeur, les fractures et les chutes, le ralentissement fonctionnel et les troubles locomoteurs, les refroidissements dus à l'immobilisation.

Dans le thème, Carcer désigne le « lieu » du Vieil Homme à tuer en nous, les contrariétés, les secrets, l'isolement, le pessimisme.

De la « prison », nulle ouverture sinon l'éclosion. Le pur Impersonnel qui nous habite échappe à la fatalité des attachements du mental. Le Témoin, réceptif au témoignage, n'est pas impliqué dans la situation. S'éveiller à l'Absolu revient à vivre le relatif comme dans un rêve.

TRISTITIA

Noms : *El Ankis* (« Le Renversement », « L'Angoisse »), *El Mangoussi* (« L'Infidèle »).

Nom populaire latinisé : « La Grondeuse ».

Tristitia, à l'inverse de Laetitia (la Joie, l'Exaltation, l'humour du Vieux Sage) exprime le retournement de ces valeurs à travers l'inquiétude, la nécessité, les ombres, l'isolement, la forme analytique de la pensée.

Pour Don Néroman, « l'abri est renversé ; c'est la sensation d'être en danger, la peur, le mal-être ». Elle est signe de difficultés. Certains géomanciens rappellent le nom populaire par lequel elle est désignée : « La Grondeuse ».

Son dessin symbolise la crevasse, la fissure par où se glissent les forces malignes (.:. Queue du Dragon). A

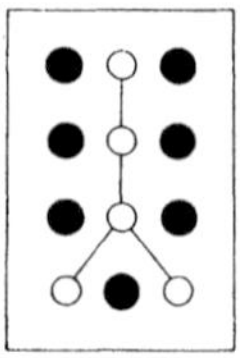

l'opposé du Jovis de Laetitia, les Étrusques signalent le Vejovis en rapport avec l'ouïe.

On lui attribue : la tête baissée, le regard scrutateur, le labeur, la faculté de conserver longtemps des sentiments rancuniers. Elle prédispose à tout ce que l'on appelle refoulements, frustation, mais peut tout aussi bien, dans le thème, désigner une personne âgée ou encore d'apparence austère, les lieux froids, les souterrains, les cavités. Gouvernée d'un commun accord par l'ensemble des géomanciens par Saturne (ainsi que :.:), elle correspond aux os, aux articulations et à cette « maladie » que les Arabes nomment *Malankhôlyâ*, maladie atrabilaire affectant la manière de voir et de penser, en déviant le cours naturel vers l'inquiétude et la crainte (en grec, *melancholia* : humeur noire). Elle a trait au pessimisme, à la souffrance, au doute...

Tristitia nous révèle toute une mécanique imperceptible de contractions, appréhensions mentales, grincements, crispations dont le moteur est la « croyance ».

Dans l'expérience mystique, :.: Tristitia désigne l'état dont on aspire à se séparer. Il s'agira de chercher, en Géomancie, les indications correspondantes dans la position des signes ascendants, orientés vers la lumière.

« L'angoisse qui veut dire au fond resserrement, donc resserrement de l'espace, a un rapport très étroit avec un resserrement de l'espace intérieur, alors que la peur est le rapport avec un espace extérieur dans lequel il s'agit de fuir, de s'abriter [:: ou .:. en Géomancie]. Prendre conscience de l'espace intérieur rieur, c'est sinon se délivrer de l'angoisse, du moins la contenir et ne plus la subir. » Jean CARTERET, *Lorsque l'homme sera né*, L'Originel, 1984.

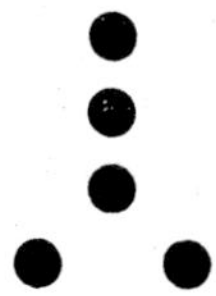

CAUDA DRACONIS

Nom : *El Atbat El Khàridjah* (« Le Seuil extérieur », « Le Discours qui sort »).
Nom populaire latinisé : « La Méchante ».

Cauda Draconis, la « Queue du Dragon », est une mort. *Al Mawt*, dont Djelâl Ed-Dîn Rûmi nous dit : « Ce sont les souffrances et les angoisses de la naissance. » Le géomancien Zénâti voit en elle le probable d'une amélioration. Mort-initiation exigeant une re-naissance à un état « tout autre ». Répétée dans le thème, ou tirée à l'improviste, elle signalera quelque conflit, une tromperie, une « saison en enfer », la sensation d'un danger, les atmosphères pernicieuses... Elle pourrait être présentée comme l'absence de l'humour, ultime témoignage du Ciel au fin fond des Ténèbres. « Elle tend, dit l'astrologue-géomancien et alchimiste Armand Barbault, à miner par en dessous tout ce qu'elle touche ou représente. » C'est par-derrière qu'elle survient, jamais de face. Elle brasse le Karma dont il faut TRIOMPHER, signale le manque de lucidité, la menace ou l'imprudence. Dans le corps, elle régit le cérébro-spinal, les organes sexuels masculins, le nez, et est en rapport avec troubles psychiques, intoxications, sinusites, maux vénériens, etc. Kéthou, dans la mythologie indienne, est le monstre qui produit météores et comètes.

« Toujours maléfique au regard de la forme qu'il dévore, le Monstre est bénéfique au regard de l'Initiation supraformelle. Envisagé comme personnification de la substance, le Dragon est l'image de la puissance ''serpentine'' qui descend et remonte à travers ses accidents qui sont les états de l'Être, c'est-à-dire les univers. » Jean d'ENCAUSSE, *La Philosophie de l'Éveil.*

La lampe déposée dans la bouche du Dragon provoque l'éclipse de la Lune aux yeux du monde profane, tandis que du côté du Soleil, elle est embrasée par sa lumière. Du « corps de boue » (Eau et Terre) à l'Esprit universel (Air et Feu), le sacrifice consiste à séparer le « subtil de l'épais », passant d'une coïncidence à une distance.

La « queue de dragon » est aussi, dans le mythe grec, l'appendice terminal de Cerbère, chien à trois têtes gardant la porte des Enfers. Chez les Yoruba, « Ogùda » est associée à la séparation, et symbolisée par le couteau, le burin. Les métaux noirs et les travaux de la forge lui correspondent.

Dans cette dégringolade où Kéthou cherche à dévorer les Luminaires, à travers la discontinuité et les métamorphoses des univers, les mondes en interaction où il y a passage dans un univers parallèle, il s'agit d'inverser les forces en faisant remonter le courant vers la lumière du jour. Méditation où l'on éprouvera la connaissance de l'autre interne à soi-même, expérience du « Tout est dans Tout » dans la pluralité, et communion des deux un UN.

Loi d'analogie où chaque manifestation a une résonance, quelque part à un niveau plus haut.

Sur la nature des deux points de l'écliptique que sont Cauda et Caput, .:. « diminue » les influx des Figures en conjonction, ˙:˙ « augmente » leurs influx.

Les lieux associés à .:. sont : mines, puits, endroits obscurs, malsains, nauséabonds...

Lexique d'interprétation[35]

Ce lexique fournit des données d'ordre très général, sur un plan phénoménal ; l'expérience du vécu étant, bien sûr incommensurablement plus riche que ce que l'on en pourrait attendre. Ces indications ne sont donc pas à prendre au pied de la lettre, d'autant plus que l'on doit nécessairement tenir compte de l'ensemble des Figures du thème et particulièrement de la confrontation des Figures I-VII, II-VIII, III-IX, IV-X, V-XI, VI-XII, ainsi que de l'entourage et des grandes lignes révélées par les figures situées sur le Méridien (IV et X) et l'Horizon (I et VII), de même que les Figures de la Synthèse : Témoins, Juge et Subjudex (XVI) qui situent la tonalité globale.

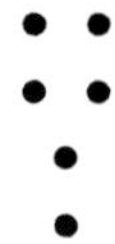

Fortuna Major

En I : sentiments élevés ; stabilité, équilibre, épanouissement.
En II : richesse ou idée d'acquérir ; plénitude ; prodigalité en manifestations d'affection et de dévouement mais exigeant être payée en retour ; expansion de la vitalité.
En III : démarche couronnée de succès ou manifestation rayonnante de la personnalité ; éducation remarquable ; grande correction ; application de l'esprit au concret.
En IV : noble lignée (s'il s'agit des origines) ; climat d'aise et de confort, de loyauté ; absence d'inquiétude.
En V : accord sentimental ; conversation avec gens influents ; épanouissement.
En VI : délivre des maladies ; bonne santé ; emploi satisfaisant.
En VII : partenaire riche matériellement et moralement ou adversaire généreux.
En VIII : profit à l'étranger ; richesse du partenaire ; douleur au foie.
En IX : affirmation du meilleur de soi ; grande sagesse philosophique ; rêves éblouissants ; grand savoir ou grand voyage.
En X : se trouver très bien jugé par autrui ; gouvernements pacifiques ; une haute dignité ; récompenses et honneurs ; fortune héritée plus que gagnée, honorifique plus que lucrative ; stabilité.

En XI : amis influents ; succès acquis par relations bien placées ; protection ; générosité.
En XII : peu d'ennemis sinon puissants ; préserve des accidents ; secours dans les moments désespérés.

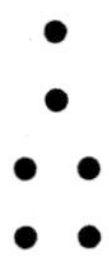

Fortuna Minor

En I : audace ; un être de beaucoup de pouvoir ou un projet malaisé à réaliser s'il ne s'effectue pas rapidement ; tendance colérique.
En II : acquisition sans effort, injustifiée ; égoïsme ; demeurer vigilant et actif ; problème d'instabilité au sujet de l'avoir.
En III : bonté des voisins ; voyage ; nombreuses démarches pour peu de chose.
En IV : maison cossue ; trésors ; déplacement obligatoire ou relations flatteuses (selon figure en III) ; entente parfois compromise au foyer pour cause de prodigalité.
En V : voyage utile ; mondanités ; tracas au sujet des enfants ; possibilité d'adultère ; goûts changeants, élevés, mais tributaires du caprice.
En VI : fragilité de la santé ; crainte de perdre le pouvoir ; orgueil des serviteurs ; stress ; excès de zèle.
En VII : un partenaire déconcertant, fatigant, pouvant donner lieu à un complexe d'infériorité ; un « maître dur » ; un époux égoïste, riche ; mésentente en association avec des engagements exigés.

En VIII : conditions restrictives dans un héritage ; insatisfaction ou tyrannie du partenaire ; volonté arriviste.
En IX : idéalisme ; dualité ; convictions superficielles ; passion non désintéressée ; rêves de grandeurs ; voyages à éviter ; absent long à revenir ; illumination.
En X : l'arrivisme ; l'ambition ; réussite effectuée par la force dictatoriale ; risque d'échec de la chose désirée, ou obtention de manière illégale ; semonce paternelle ; présence d'un chef.
En XI : conscience de soi exagérée ; audace ; amis se dérobant.
En XII : inimitiés agissantes ; peu de risques ; possibilité de scandale ; séparation ou exil par changement de fortune.
En XIII : expériences du passé non profitables ; possibilité de renversement de situation.
En XIV : succès passager ; nécessité d'efforts constants.
En XV : succès matériel limité, assuré aux dépends des valeurs morales ; conditions.

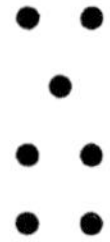

Rubeus

En I : le passionné ; le sanguin ; le coléreux ; le rebelle ; agressivité ; emportement du caractère ; notion de danger par feu ou sang.

En II : mauvaise affaire à cause de violence ; gains irréguliers ; déboires importants et imprévus ; tractations désastreuses.

En III : démarches inopportunes ; colère ; confiance mal placée ou révolte chez les voisins ou envers les parents ; déplacements dangereux ; écrits violents, haineux.

En IV : mésentente au foyer ; incendie ; effusion de sang ; atmosphère violente ; discorde ; absence de sécurité ; enfants martyrs ; danger par les orages.

En V : tendance aux excès ; sentiments emballés, excessifs ; passion fulgurante ; enfants donnant du souci ou en fugue ; mauvaises nouvelles ; activité pessimiste, brutale ; colère chez les enfants ; danger sur la voie publique (si Figure répétée).

En VI : abcès dentaire ou inflammation ; opération chirurgicale, échauffement, coups de soleil… ; employés rebelles ; perte d'emploi ; menace de vol avec effraction ; rubéole.

En VII : adversaire belliqueux ; associé malhonnête ; partenaire querelleur ; adultère scandaleux ; rupture d'engagements.

En VIII : menace d'accident ; armes à feu ; crainte de la mort ; orgies ; suicide ; ruptures ; vie courte si Figure I maléficiée ; diagnostic de rubéole (avec ⁘ en VI).

En IX : tendances passionnelles ; prédominance du « corporel » sur le spirituel ; fanatisme ; mauvaise foi, raillerie, hystérie religieuse ; incandescence ; érotisme prononcé ; dangers au cours d'un long voyage (fer, feu ou bandits).

En X : mauvaise réputation ; fausse justice ; sévérité et dispute ; ingratitude ; perte possible d'un emploi ; révolte populaire ; ennuis sérieux venant de la mère ; ruine accidentelle.

En XI : amis dangereux, violents ; troubles politiques ; ingratitude ; disputes et sévérité.
En XII : risque d'attentat (voir si ⁛ est aussi en VIII) ; congestion cérébrale ; menace à la tête ; exécution.

Puer

En I : une personne entêtée, colérique, congestionnée, révoltée, intraitable ; force musculaire ; lutte et difficultés pour réussir ; énergie brutale ; gaieté enfantine ou estudiantine ; agitation ; besoin dominant d'exercice musculaire ; activisme.
En II : dépenses inconsidérées ; effort ; impulsivité ou révolte.
En III : voyage mouvementé ; agressivité ; mauvaise entente ; conversations orageuses ; relations inamicales ; violence.
En IV : querelles au sein du foyer ; désordre.
En V : expose les enfants aux dangers ; enfants difficiles ; allure insolente ; hardiesse en amour ; passion violente ; amusements et plaisirs du combattant.
En VI : emploi mal choisi s'il n'est pas question de rapidité ; perte de la mesure dans le désir d'entreprendre ; insatisfaction ; besoin d'une grande et constante activité, réclamant toujours plus ; un travail difficile et audacieux ; maladies nécessitant interventions chirurgicales ; insubordination des serviteurs.

En VII : un partenaire infidèle, querelleur, déraisonnable, cherchant noise et se mettant facilement en colère ; adversité.
En VIII : disparition d'un associé ou d'un adversaire ; violence en compagnie du partenaire ; accident par le fer ; abrège la vie si Figure I de même nature.
En IX : domination de l'instinct ; obsessions ; idées fixes ; tendance à se croire poursuivi par le mauvais sort ; idées noires ou esprit révolutionnaire ; dangers en voyage ; fausse croyance ; lubricité des philosophies ; risque d'accident grave (venant de VIII ou passant en XII).
En X : cause discrédits, scandales, ou disgrâces ; effort à accomplir ou situation en rapport avec la violence ; esclavage ; critiques stériles et lamentations.
En XI : coup de force ; conseils impulsifs ; amis hardis, fanatiques ; amour sensuel ; audace ; passion ; amis énergiques mais infidèles.
En XII : situation critique ; gros risques.
En XIII : ambition nuisible pour projets ; antériorité impétueuse inclinant à la colère.
En XIV : danger mais bon dénouement ; méfiance à propos des désirs.

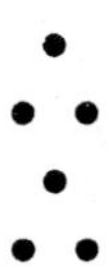

Amissio

En I : une personne découragée ; négligence, versatilité, tendance aux excès ; caractérise parfois une infirmité physique ; une personne ayant tendance à « se faire avoir » ; un sujet en rapport avec un échec.

En II : impulsions portant à se diminuer ou obligations coûteuses ; tendances autodestructrices, défaitistes ; dépenses inutiles ; vol de biens ; gaspillage ; dissipation de la substance ; risques de toutes sortes, tributaires d'un manque d'organisation.

En III : relations passagères ; manque de savoir-faire dans l'adaptation de l'esprit au concret ; n'indique pas le voyage et fait que le consultant est souvent trompé.

En IV : perte d'habitat ; absence de foyer ; pauvreté ; ruine du père.

En V : entreprise qui « tombe à l'eau » ; perte au jeu ; gaspillage ; avortement ; abandon ; dispersion ; manque de plaisir.

En VI : amaigrissement ; affaiblissement général ; perte d'un emploi ; remède nocif ; psychasthénie ; chimères dissolvantes ; complexe d'infériorité.

En VII : époux infidèle, fallacieux ; relations libertines ; pressentiment de divorce ; tension nerveuse.

En VIII : cauchemars ; masochisme ; persécution ; déception.

En IX : athéisme, matérialisme, charlatanisme, spiritisme ; entreprises déraisonnables ; état de critique permanent, stérilisant ; mauvaise foi.

En X : échec ; revers ; mauvaise direction ; inconstances ; faillite ; disgrâce ; manque de conduite.

En XI : contact avec amis néfastes ; faux espoirs ; on se joue du consultant.

En XII : saisie ; amende ; moquerie de la part d'amis faux ; maladie mentale ; perte de conscience ; égarement.

En XIII : manque de volonté ; faiblesse ; éducation relâchée.

En XIV : grandes difficultés en toutes choses par manque de force physique ou morale ; déchéance possible.
En XV : échec de projets ; perte pour ce qui peut être déjà acquis au moment des débuts de ces projets ; perte de vitalité, troubles et ennuis.

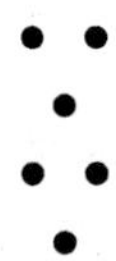

Acquisitio

En I : nature pourvue ; richesse ; conception d'un projet viable ; facilite l'ascension par des moyens honnêtes, légaux ; tendance à l'embonpoint.
En II : un bénéfice ; abri des vicissitudes ; situation de fortune importante ou bonne gestion ; possession de richesses ; accroissement financier ; égoïsme.
En III : constructivité ; démarches ; associations profitables ; relations acquises ; gains par écrits ; favorable à l'éducation.
En IV : lieu d'enrichissement à tous points de vue ; demeure favorable ; goût du confort ; accroissement du patrimoine ; amour de la famille.
En V : nouvelles connaissances ; faire bonne chère ; enfants potelés ; prédominance de garçons parmi ceux-ci ; amour dominant du plaisir, des fêtes ; égoïsme ; âme secourable avec ostentation.
En VI : embonpoint ; maladie longue mais guérissable ;

travail lucratif; ordre et méthode ; organisation d'une tâche.

En VII : très favorable aux associations d'intérêts; partenaire riche, pourvu de moyens, mais souvent avancé dans l'âge ; implique une coopération ; peut donner des dissentiments avec l'entourage.

En VIII : profit sur la terre d'autrui ; des facilités obtenues par la personne désignée en VII ; héritages, legs ou donations; mort rapide par maladie subite.

En IX : intellect constructif, ordonné; une personne d'esprit plus matériel que spirituel, idéaliste; l'investissement dans une règle conformiste ; donne des avantages par religieux ou docteurs ; longs voyages ; richesses à l'étranger.

En X : temps consacré à la recherche d'argent ou de biens ; succès à un examen ; augmentation des dépendances ; renommée ou reconnaissance d'autrui ; offices et charges; gains par les parents.

En XI : amis sûrs ; conseils judicieux ; favorable à l'amitié ; multiplie les amis; entourage agréable; appuis; ambition ; personnes influentes, avec lesquelles le contact va dans le sens d'un accroissement ou de l'évolution d'un projet.

En XII : ennemis riches et puissants, cherchant à « acheter » le questionnant ; retient prisonnier ; permet de se défendre contre les nombreuses épreuves de l'existence ; ne favorise guère les relations ; chance matérielle obtenue par un dévouement constant.

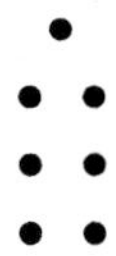

Laetitia

En I : extraversion ; personne libérale ; expansion produite par l'exubérance de santé ; caractère magnanime, généreux, bienveillant ; chose fiable.

En II : bien-être général ; succès financiers ; tendances dépensières ou à affirmer les instincts de propriété ; abondance de biens.

En III : tempérament optimiste permettant de vaincre les obstacles, favorisant les relations, les études, la communication, les déplacements ; dons pour l'écriture ; bonne conscience envers frères, parents.

En IV : atmosphère bienveillante ; protection de la famille ; amour du confort ; unité, générosité.

En V : nature de « bon vivant » ; générosité pas toujours profitable ; attirance pour les jeux et les fêtes ; satisfactions ; famille nombreuse ; beaux enfants.

En VI : santé florissante ; tendance à l'embonpoint ; risque de troubles futurs touchant : foie, intestins, estomac et circulation ; diminue la maladie ; responsabilités prises avec bonne humeur.

En VII : liaison heureuse ; partenaire généreux, parfois protecteur ; réussite dans les affaires publiques ; paix et renommée.

En VIII : association profitable ; gloire posthume ; générosité de la personne décrite en VII ; union au-dessus de sa situation ; prolonge la vie.

En IX : goûts sédentaires ; bonhomie ; témoignages de reconnaissance ; pondération ; discernement ; peut accorder : intuition, rêves prémonitoires ; peu de voyages.

En X : élève et maintient au sommet atteint ; estime.

En XI : entourage agréable ; jovialité, bonne humeur ; nombreux amis ; très favorable aux choses publiques ; attire la société et fuit la solitude dont elle a horreur ; parfois : flatteries.

En XII : absence d'arrière-pensées ; peu d'ennemis ou bien ceux-ci abandonnent la lutte ; réconciliation ; revirement d'opinion en faveur du questionnant ; délivre le prisonnier et préserve de mauvaise rencontre ; permet de surmonter épreuves et maladies.

En XIII : passé riche d'expériences ; vie bien remplie ; tendance à prendre les choses avec humour.

En XIV : accomplissement de ses désirs ; bon espoir de satisfaire ses volontés.

Caput Draconis

En I : imagination pratique ; esprit inventif, alerte et fécond ; vitalité et richesse intellectuelle ; éloquence ; sagesse, prudence, réserve dans les actes.

En II : coups de chance heureux ; mérite facilitant la réalisation d'un désir.

En III : écrits intéressants ; favorable aux voyages d'études ; confiance bien placée dans le voisinage ; facilité pour vivre en bonne intelligence avec l'entourage.

En IV : bonne entente avec la famille ; bonne hérédité physique et intellectuelle ; demeure paisible et plaisante ; lieux élevés ; paix et tranquillité ; favorise le Père et la maison paternelle.

En V : mise en train d'une œuvre ; si une œuvre est déjà réalisée : bonne conception de celle-ci ; indice de chance dans les jeux de hasard et spéculations ; proximité d'une naissance ; amour des petits-enfants ; sagesse de ses propres enfants.

En VI : paix et tranquillité dans ses fonctions ; dévouement ; force contre les maladies ; même condamné par la science, le questionnant pourra s'en sortir ; un remède efficace ; des serviteurs discrets et efficaces.

En VII : un partenaire qui est aussi un guide, un ami ; l'amitié des femmes ; l'heureuse issue d'un procès par une voie inattendue ; favorable à l'union élevée ; chance facilitant la réussite du désir ; une rencontre imprévue (heureuse surprise).

En VIII : une grande énergie occulte ; force-conscience ; héritages inattendus ; fin heureuse ; maladie en voie de guérir ; appui occulte ou aide discrète du conjoint.

En IX : une connaissance étendue ; une philosophie constructive ; une intelligence profonde ; pratique du yoga ou méditation ; le respect d'autrui ; une certaine rigueur (fondée) ; enseignement occulte, ésotérique ; philosophie des hauteurs ; voyages en des lieux élevés ; sublimation de la sexualité.

En X : grands offices ; autorité et considération ; réussite et position de chance dans tous les domaines ; élévation.

En XI : amis sûrs, bons, fidèles ; le magnétisme joue un

rôle dans les rapports avec autrui ; atmosphère ardente, sèche, pieuse ; donne beaucoup de travail et peu de repos ; donne des protections qui favorisent la situation.

En XII : apporte de l'éclaircissement dans les choses troubles ; permet de remonter le courant ; présence d'ennemis, mais peu efficaces ; réactions saines.

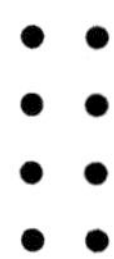

Populus

En I : nature inconstante, mobile, excentrique ; manque d'unité ; idées confuses ; engouements éphémères ; actions embrouillées ; sujet de bavardages ; un caprice ; influence de l'opinion publique ; personne portée ou abaissée par celle-ci ; illusions.

En II : embarras pécuniaire ; activité boursière ; difficultés de choix ; désillusion dans ce que l'on voudrait avoir ou que l'on a ; gains touchant aux liquides ou produits alimentaires.

En III : galimatias ; tendance à s'égarer ; promiscuité ; on ne tire rien des relations directes, on abat trop vite son jeu ; brouillon ; allées et venues ; besoin de se déplacer ; l'esprit va plus vite que la pensée.

En IV : famille nombreuse, animée, sans grande cohésion ; nombreux changements de résidence ; remue-ménage ; cacophonie, tapage ; manque de sécurité ;

ennui au sujet de terrains ou d'affaires immobilières ; maison au bord de l'eau.

En V : œuvres pour le grand public ; excentricités ; engouements éphémères ; risques d'aggravation ; complications sentimentales ; bruits fâcheux ; enfants turbulents et nombreux ; témoignage de fréquentations néfastes.

En VI : instabilité dans le travail ou ennuis de santé ; emploi où l'on doit beaucoup parler ; rapport avec la multitude ; remède expérimenté ; préjugés dont on peut difficilement se libérer ; sentiment de médiocrité ; maux de ventre.

En VII : associations nombreuses ; hostilité populaire ; changement fréquent de partenaire ; nymphomanie ; engagements non tenus ; hostilité populaire ; instabilité ; malentendu ; proposition d'une double union.

En VIII : conjoint sans fortune ou ruiné ; excentricités, fertilité d'imagination ; rêves nombreux ; épidémie causée par l'eau ; colibacillose ; nymphomanie ; indice de veuvage ; laisser-aller néfaste ; possibilité d'héritage familial ; ennuis venant d'enfants ou de la famille.

En IX : croyances naïves ; abandon aux rêveries ; impressionnabilité ; fuite, évasion, favorisée par goût de l'étrange ; foi chancelante ; ne donne que de petits emplois ; instabilité, confusion dans les opinions morales ou religieuses ; perturbation mentale.

En X : faveur ou discrédit populaire ; on parle du questionnant en bien ou en mal ; plus de bruit que de fruit dans les actions ; remaniements.

En XI : bavardages sans fondement ; amis futiles, nombreux, brouillons, voulant trop en faire et ne faisant rien du tout ; ne permet de compter que sur des gens modestes ; disposition à subir l'influence amicale.

En XII : occupation en dehors de ses activités principales ; impopularité ; intérêt pour les mystères (détectives) ; blessures ou accidents aux yeux ; larmes ; obligations ; une foule de responsabilités non tenues ; haine populaire ; danger sur ou par l'eau ; peut créer l'opposition des femmes.

•
•
•
•

Via

En I : indécision ; mélange de volonté et d'inertie ; attrait pour les rêves ; impressionnabilité ; pauvreté ; émotivité excessive ; une personne nonchalante, le geste mou ; un retard ; une affaire peut-être sans continuité, sans beaucoup de résultat.

En II : indétermination ; manque de volonté ; passivité d'esprit ; lenteur et susceptibilité ; manque d'expérience ; chose amorcée mais non poursuivie ; embarras pécuniaires ou gains modestes ; démarches déficitaires.

En III : affaires à longue échéance ; rien de concret n'est encore en vue ; choses somnolentes ; paresse ; errances ; nouvelles retardées ; manque de suite dans les projets.

En IV : déménagements ; éloignement du gîte ou de la famille ; indétermination ; médiocrité.

En V : créations vouées à l'oubli ; attirance pour les spéculations ; souci pour les enfants ; amours équivoques ; hésitation ; scrupules.

En VI : aspiration aux tâches modestes ; emploi subalterne ; scrupules ; travail méthodique et lent ; positivisme pratique ; faiblesse de la vue, de l'appareil génito-urinaire ; soif constante ; indétermination dans les responsabilités.

En VII : inconstance dans les affections ; accord repoussé ; retard ; adversité sans moyen ; pauvreté du partenaire ; faiblesse ; chicanes ; pourparlers inutiles ; si I est puissant : indécision, timidité.

En VIII : esprit lent à réagir lorsqu'il y a lieu de remédier à quelque chose ; convoi funèbre ; maigre héritage ; spiritisme ; risque de veuvage ; évasion.

En IX : longs voyages ; connaissances superficielles ; empirisme ; tendance aux rêves, à la voyance ; fables, allégories, poésie ; si I =  ou , tendance à se persuader que le monde est ligué contre soi et que tout, par avance, est voué à l'échec ; départ certain mais retardé ; philosophie vagabonde.

En X : possibilité de mouvements en mieux ; efforts constants nécessités ; favorable à la vente de propriétés.

En XI : voyages avec amis ; espérances faibles, naïves ; relations avec gens modestes, ne pouvant pas grand chose pour le questionnant ; relations de voyage.

En XII : mauvaise foi autour de soi ; maladies en germe ; conditions précaires ; possibilité de quitter un lieu contraignant.

En XIII : changement.

En XIV : fin d'une affaire.

En XV : nécessité d'un cheminement ou voie de tribulations (issue donnée par les témoins) ; retard.

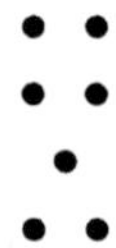

Albus

En I : un sujet mystique ; un artiste « classique » ; une personne délicate ; la gentillesse ; une personne attachée au détail, minutieuse ; caractère enfantin ; tempérament calme, méditatif ; en rapport avec le blanc.

En II : peut être décevant ; tempérament assez froid devant les choses ; régularité ; stabilité de la situation financière ; calme prudent.

En III : relations agréables ; flegmatisme ; écrits pertinents à tonalité esthétique ou religieuse ; bonnes nouvelles ou retard en affaires (léger) ; peu de manifestations actives.

En IV : résidence calme ; confiance bien placée ; séminaire ; bon pour l'enseignement ou pour les personnes s'y intéressant ; origines littéraires, pédagogiques, artistiques…

En V : affection désintéressée ; œuvre d'art ; chasteté ; amour de la lecture ; pondération.

En VI : avantages ; activité professionnelle bien choisie ; attachement à la propreté, à l'hygiène ; vêtements blancs ; peut être un signe de frigidité ; animaux blancs ; industrie du papier.

En VII : délicatesse ; échange harmonieux ; parfois : stérilité dans le mariage ; amour courtois.

En VIII : fin d'une période, début d'une autre ; lividité (état maladif) ; partenaire honnête, paisible, ayant le goût des arts ; sécurité exempte de crainte ; parfois : tentatives de renouvellement manquant de discernement.

En IX : esprit ; culture ; arts ; épanouissement psychique ; idéal de non-violence ; flegmatisme ; respect d'autrui ; modération et mesure ; opinions conciliantes ; méditation.

En X : estime ; stabilité ; paix ; honnêteté ; ennuis possibles du côté de la Mère.

En XI : amitiés rares, non recherchées ; caractère monastique ; tranquillité.

En XII : jalousie possible autour de soi pour manque de conformisme aux normes de l'étiquette ; critiques et médisances ; ennemis de mauvaise foi ; purification ; hôpitaux, maternités, asiles.

En XIII : expériences du passé portant leurs fruits ; esprit de quête spirituelle.

En XIV : bon présage avec tonalité spirituelle.

Puella

En I : tempérament amoureux ; sens esthétique ; personne voluptueuse ; personne gracieuse ; courtoisie.

En II : désir de plaire ; dépenses d'ordre esthétique ; dons artistiques ; vêtements clairs ; incline à l'aventure amoureuse et à la dépense ; la douceur ; le brillant plutôt que le solide ; objets d'art.

En III : voyages agrément ; bonne entente avec la famille ;

amour de la correspondance ; promenade ; contes galants ; bonne compagnie ; conversation charmante ; flirts.

En IV : intérieur agréable ; plantes vertes ; foyer aimable ; décor voluptueux ; fortune venant de la Mère ou de l'épouse.

En V : fait aimer le monde et ses joies ; rend affectueux, sensible et gai ; amusements ; musique et harmonie ; communicativité ; talent ; fiançailles ; nouvelles lettres ; entreprise artistique prometteuse ; parfois : désillusions sentimentales pour une femme.

En VI : emploi exigeant la connaissance de la psychologie féminine ; décoration ; peu de maladies mais faiblesse des reins et impuissance éventuelle dans les plaisirs de l'amour ; maladies féminines ; médecin ou traitement mal choisis ; oncles et tantes ; vêtements légers ou soyeux ; femmes d'affaires.

En VII : un partenaire influençable ; un adversaire sensible ; liaison sentimentale (pour un homme ; surtout si ·:· se trouve déjà en I ou en V) ; relations aimables ; situation qui va s'élevant ; risque d'adultère (si aspects discordants).

En VIII : possibilité d'héritage ou d'acquisition provenant des femmes ; double vie du partenaire ; excès entraînant des pertes de sève vitale ; intoxication ; décès d'une sœur ; crainte en rapport avec la virginité.

En IX : érotisme divinisé ; esprit élevé ; tendances religieuses ; « voir avec le cœur » ; bon sens ; vieilles filles ou religieuses ; longs voyages ; union avec un étranger.

En X : le questionnant est aimé ; on apprécie son charme ; satisfaction ; succès social dû à une femme ; direction artistique ; amour des louanges ; souci de ce que pense autrui.

En XI : succès auprès des femmes ; amis désagréables ; appuis ; tentations ; conversations ; délivre d'ennemis ; amis parmi les femmes et à propos des femmes.

En XII : goût de la solitude ; commerces féminins ; pacifisme ; critiques de femmes ; amours clandestines ou de peu de durée.

En XIII : intrigues ; démêlés avec affairistes ; contacts refoulés ; difficultés de communication ; aide à sortir d'embarras dans les situations compromises.

En XIII : aides occultes ; expérience profitable.

En XIV : possibilité d'aide, de communication, de résolution, d'arrangement.

Conjunctio

En I : un être perspicace, pratique, ingénieux, subtil, d'une grande vivacité d'esprit ; une personne avec qui l'on peut parler ; le bon sens naturel ; aptitudes psychiques ; capacité de compréhension ; excellente mémoire ; soucis des détails ; intelligence ; sagacité dans les raisonnements ; éloquence ; autodidacte...

En II : Intelligence pratique ; flair pour opérations financières ; contacts ; bonne affaire par association ; sens des transactions ; facteur d'adaptation à sa condition matérielle.

En III : démarche en vue d'association ; entretiens courts et répétés ; écrits de valeur ; invitation ; petit déplacement ; entente par contrat ; développe l'esprit fraternel ; élargissement de l'entourage ; facilité d'expression ; don d'observation ; curiosité et souplesse d'esprit ; attirance vers les sciences et la littérature.

En IV : relations familiales ; sciences du passé ; adaptation au milieu natal ; tendance aux changements de domicile ; mobilité intérieure ; favorise les transactions immobilières.

En V : plaisirs intellectuels ; favorise les spéculations ; liaisons empreintes de camaraderie ; chance dans les jeux ; goût des jeux ; rapports plus intellectuels qu'affectifs ; amour des activités de l'esprit.

En VI : faculté d'adaptation rapide aux responsabilités ; consultation médicale ; signature d'un contrat dans le travail ; examen ; aptitude au bricolage.

En VII : partenaire souvent plus jeune que soi ; relations ; contacts ; ennemi rusé ; signature d'un accord ; personne représentant une ouverture vers l'extérieur.

En VIII : voyage causé par un décès ; médiumnité ; facultés supranormales.

En IX : philosophie constructive ; intelligence profonde ; ésotérisme ; rôle diplomatique ; esprit tourné vers les grands problèmes ; philosophie ; religion ; politique ; grande intuition ; facilité d'élocution ; aptitude aux langues étrangères ; grands voyages à l'étranger.

En X : facultés inventives ; faveurs obtenues par des idées ; réussite sociale par le sens des contacts, échanges ; aptitude à faire plusieurs choses en même temps ; contrat ou examen ; ingéniosité ; nécessité de se justifier auprès d'un tribunal.

En XI : facilité à se faire des amis ; invitation à participer ; amis pouvant être des associés avisés ; milieu amical mobile, affairé, jeune ; très favorable aux amis.

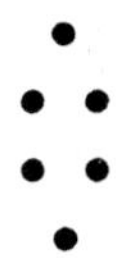

Carcer

En I : nature fermée ; esprit indépendant, tenace, peu cordial ; une personne contrainte, parfois pessimiste ; nature secrète, méthodique ; communication non favorisée ; froideur, irritation ; timidité.

En II : économie ; avarice ; conservation des biens ; tendance à l'avidité ; incapacité de voir un peu grand ; soucis d'argent ;

En III : un empêchement ; conversation secrète ; isolement ; nature peu liante ; rend casanier ; entourage restreint ou restrictif ; rapports difficiles ; intérêt pour les sciences abstraites ; écrits doctrinaux.

En IV : respect des traditions ; une résidence triste, austère, froide, où l'on ne parle pas beaucoup ; une demeure souterraine ; un endroit obscur ; captivité ; contribue à fixer définitivement en un lieu ; une atmosphère de claustration où nul ne se sent à l'aise ; tension nerveuse ; célibat ou foyer malheureux ; laboratoire.

En V : la mesure dans tout ce que l'on fait ; contrainte de soi ; dissimulation ; fétichisme ; frustration ; inhibition ; continence ; une liaison secrète, durable ; les aliments crus ; tendance à porter toujours les mêmes vêtements.

En VI : souffrance silencieuse, inutile ; santé compromise ; maladie lente ; neurasthénie ; pessimisme ; douleurs dentaires ou du ventre ; réclusion ; constipation.

En VII : préférence au célibat ou partenaire plus âgé ou veuf ; conjoint en proie à des obligations ; contrainte, amendes, ennemis opiniâtres.

En VIII : freine les transformations ou s'y oppose avec fermeté ; claustrophobie ; frigidité ; crainte de la mort ; avarice ou égoïsme du partenaire.

En IX : sens de la permanence ; conviction intime ; intelligence du passé ; professorat ; homme d'église ; goûts sédentaires ; ascèse ; séparation avec le lieu d'origine ; pensée concentrée, appliquée au droit, à la justice ou à la philosophie.

En X : donne une grande confiance en soi ; endurance ; surestimation de ses forces ; mobilise l'avidité vers l'ambition du pouvoir ; labeur patient ; ordre serré.

En XI : sympathies rares ou choix très sélectif des relations amicales à qui l'on demeurera fidèle et attaché ; exclusivité ; jalousie ; amis plus âgés.

En XII : séjours dans les lieux clos (hôpitaux, prisons...) ; parfois : victoire sur les difficultés et obstacles par le zèle et l'économie ; incite à la solitude et à la mélancolie ; ennemis cachés, facteurs inhibiteurs ; privations ; maux ignorés.

Tristitia

En I : esprit susceptible, solitaire, profond ; introversion ; lenteur à s'adapter ; personne contrainte, sombre d'aspect ; occupations tournées vers les choses noires ; spleen ; personne affectée, victime de la maladie ou de la fatalité.

En II : crainte ; problèmes, inhibitions, soucis d'argent, manque de ressources ; frustration découlant de l'avidité.

En III : absorption dans un milieu corrupteur ; ruse et malice exagérées ; affaiblissement de l'esprit ; imagination funeste ; voyages pénibles, ennuyeux ; études approfondies ; note de froideur dans les relations ; éloignement.

En IV : solitude ; manque de contacts avec famille, parents ou maux les touchant ; lieu à l'abandon ; situations désagréables ; pauvreté ; lieux défavorables.

En V : stérilité ; ennui ; précarité ; timidité ; prudence exagérée ; manque d'intérêt pour les divertissements ; amour sur son déclin.

En VI : fatigue dans le travail ; dépression ; servitudes ; regrets ; prédispositions maladives ; très dur combat pour l'existence.

En VII : conjoint triste, malade ; partenaire veuf ou plus âgé, peu fortuné ; association absorbante, pénible ; risque de séparation, de désagrégation ; résignation.

En VIII : donne l'inquiétude, disgracie les possibilités d'espérance de legs ; ruine de l'adversaire ; parfois : maladie grave à redouter ; permet de mettre fin à une association malencontreuse.

En IX : voyages tristes causés par des ennuis ; scepticisme ; parfois : fanatisme ancré ; rancune ; intérêt pour les ruines ; indifférence à toute pensée élevée ; désolation ; monotonie, anxiété.

En X : manque d'entrain ; mauvaise réputation ; inversion dans la conduite de soi ; handicap ; manque de dignité ; déceptions ; disgrâce ; retraites.

En XI : désespoir ; amis méprisables ou dangereux sauf si âgés ; solitude ; privation des concours et protections.

En XII : facteur d'inhibition ; difficultés ou privations ; dettes ; crainte au sujet d'obligations ; risque de chute ou d'abattement.

En XIII : pessimisme foncier nuisant à tout projet.

En XIV : anxiété ; malchance ; invite à l'abandon d'un projet ou à voir les choses différemment.

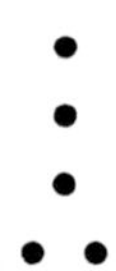

Cauda Draconis

En I : conditions impropres à la consultation ; climat critique, dangereux ; forces obscures ; envisager une retraite urgente.

En II : entreprises déraisonnables ; chute de haut ; combines secrètes ou catastrophes financières ; destruction de biens ; mauvais traitements.

En III : danger sur la route ; entourage corrupteur et dangereux ; mentalité arrogante ; relations à déconseiller ; écrits mensongers ou mal intentionnés.

En IV : habitation malsaine ; climat pernicieux ; dangereuse affaire de secrets de famille ; décès des parents.

En V : habitudes maladives ; intoxications ; tendances autodestructrices ; risque de tromperie ; volonté encline à la traîtrise ; menace pour les enfants.

En VI : maladies infectieuses ; abandon des responsabilités ; professions illicites ; prostitution ; remèdes dangereux ; sournoiserie ; avidité dévorante.

En VII : confiance mal placée ; vice caché ; risque de tromperie imminente ; traquenard.

En VIII : crainte ; noirs desseins ; cauchemars ; illusions sur le partenaire.

En IX : culte satanique ; magie noire ; cauchemars ; dangers redoutables sur un long parcours ; involution religieuse.

En X : réputation déplorable ; scandale et chute de position ; échec de manœuvres ambitieuses ; imprudences ou malhonnêtetés ; haines raciales ou parti pris politique.

En XI : ennemis pris pour amis ; conscience trouble ; dissimulation et agressivité ; ultime mise en garde ; grand manque de lucidité.

En XII : résistance nerveuse affaiblie ; intoxication ; enlisement ; envoûtement ; ennemis combatifs ; « contre-initiation » ; dégénérescence ; maladies incurables.

PASSATIONS

La Figure I passant en :
II : intégrité ; présence dans le monde familier.
III : affaire entre collatéraux ; petits voyages ; lettre.
IV : en présence de parents, aïeux ; chez soi.
V : trait de volonté ; désir ; compagnie de camarades ; signe d'extraversion.
VI : maladie ou crainte ; ennui ; tracas au sujet de responsabilités ou en rapport avec la santé.
VII : plan d'affinité ; relation avec autrui (selon figure).
VIII : signe de danger ou phase de transformation ; compagnie occulte ; durée probable de la Figure signifiée en I.
IX : voyage ou souci métaphysique, poétique, religieux, philosophique ; en pleine exploration.
X : rapport entre le questionnant et la dignité, les honneurs, la carrière, les autorités, la mère.
XI : avec amis, sympathies ; ambition.
XII : conflit ; prémonition d'un danger ; intrigue ou contrainte, rapport avec la discipline.

La Figure II passant en :
III : relations avec les proches.
IV : pensée du questionnant envers son père ; valeur familiale.
V : au sujet d'alimentation, vêtements, loisirs...
VI : crainte ; souci ; grand ennui.
VII : dommage par l'effet du partenaire : pensées érotiques ; changement de résidence.
VIII : retour d'une personne absente.

IX : acquisition d'ordre spirituel, intellectuel, idéologique...
X : démarche envers une femme ou une personne importante.
XI : renforce la valeur de II
XII : réclusion, accident ; difficulté ; retournement de situation.

La Figure III passant en :
IV : frères, sœurs, voisins, camarades ; nouvelles ; en famille.
V : hâte dans les relations ; lettres.
VI : crainte ; machinations.
VII : pensée au sujet d'autrui ; danger ou décès passé.
VIII : activité au sujet d'héritage ou de biens du partenaire.
IX : entreprise de grands voyages ou entreprise mystique, philosophique, manifeste, organisation, secte...
X : réussite d'un frère ou d'une sœur ou grande puissance de l'entourage.
XI : signe de chance ou faveur utile.
XII : embarras ou début d'ennuis dont il sera difficile de se tirer.

La Figure IV passant en :
V : père en compagnie de ses enfants ou fête familiale.
VI : maladie prochaine du père ou sujet d'affliction pour ce dernier.
VII : changement de situation ; mariage ; ou menace pour la sécurité.
VIII : proximité d'un grand dommage ou retour du questionnant s'il est à l'étranger.
IX : épreuves redoutables d'ordre spirituel.

X : honneurs ; gains, richesses.
XI : relation amicale.
XII : anxiété ou sentiments longuement gardés ; difficultés en terrain familial.

La Figure V passant en :
VI : maladie due à des ébats inconsidérés ; nouvelle au sujet des enfants.
VII : réunion à l'occasion d'une association, en présence d'amis, favorable pour les enfants.
VIII : retour d'une personne éloignée ; lettre causant de la joie ; beaucoup d'émotions.
IX : rapport entre les enfants et la religion.
X : assistance d'une personne importante ; ambition filiale.
XI : réjouissances entre amis ; démarche relative à l'ambition filiale ; puissance contre ennemis ou dans les activités diplomatiques.
XII : grands ennemis des enfants.

La Figure VI passant en :
VII : changement par rapport à ce dont il est question en VII.
VIII : crainte d'un danger ; perte de quelque chose.
IX : aide philosophique, yogique ; conseils avisés sur le plan spirituel et physique.
X : parfois oppressif dans un climat de directives.
XI : envie ou jalousie ; témoignages sur la conduite des choses.
XII : relations avec des personnes réprimées ; revirements de situations.

La Figure VII passant en :

VIII : interrogation sur le changement de la personne décrite en VII et dont la Figure passante exprime la nature.

IX : début d'un long voyage pour le conjoint ou intérêt pour des questions religieuses.

X : honneur pour VII.

XI : connaissance à bref délai d'un ami, ou ami devenant un adversaire (selon nature relation I-VII) ; affaire causée par un ami.

XII : inimitié occulte ; absence ou rétention de VII.

La Figure VIII passant en :

IX : rejet des concepts, des croyances ; placements ou emprunts à l'étranger.

X : défection de gens de bonne volonté ; empêchement ; haine autour de soi.

XI : fomentation de haine ; menace.

XII : ennemis secrets actifs ; personne absente, emprisonnée ou malade.

La Figure IX passant en :

X : amitié de personnes religieuses ; chance inopinée ; nouvelles provenant de la mère.

XI : amitié d'un poète, philosophe ou religieux.

XII : ennui en chemin pour le sujet ; emprisonnement par l'effet de religieux ; fatigue cérébrale.

La Figure X passant en :

XI : chance pour la réalisation de projets et aspirations ; relations, amis idéalistes, solidarité.

XII : grande épreuve à bref délai ou risque de maladie.

La Figure XI passant en :
XII : amitié secrète causant embarras ; contrariété imprévisible.

La Part de Fortune dans les Maisons du Thème

⊕

En I : annonce que l'on sera artisan de sa réussite ; la chance vient de soi ; attire les regards sur son œuvre ; si elle est dignifiée : satisfactions ; sinon l'on devra s'en prendre à soi-même ; cette indication est le signe de la « chance entre ses mains » ; déploiement d'énergie, assurance...

En II : dans la maison des acquisitions et de la fortune : signe de fortune rapide et importante ou goût du confort. Si la figure ne va pas dans ce sens : risque de faillite ou d'acquisition de biens par des voies néfastes et dangereuses.

En III : favorable aux déplacements, aux écrits, à l'éducation. Elle peut donner un certain esprit d'arrivisme ; honneurs et rétributions pour un écrivain ; la Part de Fortune peut servir ici une passion particulière ; importance des proches ; dévouement à une cause.

En IV : poursuite d'une œuvre en rapport avec la famille ou le passé ; goûts sédentaires ; tendance à collectionner ou conserver, économiser ; protection contre les menées secrètes ; traditionalisme ; rigueur ; recours aux origines ; parfois : esprit de charité.

En V : confiance en soi ; joies matérielles ; joies des sens ; mélange d'intuition et d'ambition ; autorise à l'organisation de fêtes ; contrariétés avec enfants si figures dans ce sens ; pouvoir magnétique sur autrui ; occasions d'épanouissement, d'accomplissement.

En VI : met en relief les responsabilités, la santé, ou le travail ; goût et besoin de rendement ; activité laborieuse ; dépenses d'argent à propos de soins médicaux.

En VII : faveurs dans les associations dues à la sympathie émanée ou importance du rôle joué par le partenaire ou l'adversaire ; favorise l'union dans la jeunesse.

En VIII : met en relief ce qui provient du partenaire ou de l'adversaire ; rapport avec héritage ou dilapidation de biens. Néfaste si ⁘ ⁙ ⁖ en VII et VIII.

En IX : rend l'esprit pratique ; gains à l'étranger ou par l'intermédiaire de personnes étrangères ; possibilités de longs voyages ; expérience religieuse ou mystique ; intérêt pour les mondes lointains, pour l'invisible ; dépassement dans une créativité personnelle, originale ; assurance de protection, distance avec nécessités immédiates, avoir du « champ » devant soi...

En X : fonction officielle ; haute charge ; préserve des périls d'une situation élevée ; marque une élévation (sauf si figures contradictoires) ; indice de ressources ; autorité.

En XI : appuis constants ; souci de l'approbation d'autrui ; si elle est en opposition avec ⁞⁞ ou ⁞, mieux vaut ne pas courir sa chance.
Maléficiée : pertes par associés ou déceptions au sein des relations amicales.

En XII : garantit contre les coups du sort ; profits par exploitation de la multitude ; tractations désavantageuses commises par subalternes (ou leur complicité) ; risque de retournement de situation ; trahison ; tendances abusives ou chimériques ; besogne et désintéressement ; (dépend des autres figures du thème).

LA PART DE FORTUNE ET LES FIGURES QU'ELLE SIGNE

 extériorisation des instincts, de la personnalité profonde ; résistance physique ; tribulations.

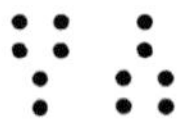 met en relief la Maison concernée ; activité extérieure ; action sur autrui.

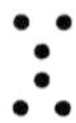 voie de l'intellect ; intuition, perspicacité dans la Maison concernée.

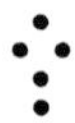 met en valeur le pôle sentimental, les manifestations de l'art.

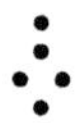 pousse à l'activité, à l'élan dans le domaine concerné.

 chance exceptionnelle ; signe optimiste.

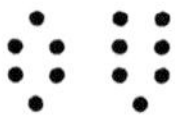 insiste sur la réflexion, la prudence, la quête intérieure.

Troisième partie

DU MIROIR COSMIQUE AU VERBE DIVIN

CHAPITRE I

Du Minerai au Cristal

La polémique sur les Arts divinatoires, qui oppose deux types d'arguments aussi saugrenus l'un que l'autre : critère d'utilité, voire de rentabilité, et croyance ou opinion façonnée hâtivement dans des conditions d'interrogatoire et non plus d'interrogation, cette polémique demeurant dans le brouillard des questions-réponses, ne fait qu'utiliser à la débauche les propriétés d'un seul hémisphère du cerveau auquel se reporte la trompeuse machine d'éducation, au détriment de cette réflexion où la réponse à la question ne se trouve guère dans le « champ » mais sur un plan supérieur où réponse, question, questionneur, questionné ont pris la clé des champs.

Cette aventure qui nous entraîne hors des à priori va nous faire découvrir une considération qui déborde largement le cadre de l'anecdotique limité au « moi » interposé dans le miroir, tout en parsemant d'éclairs le chemin de « la religion des Ménestrels ».

Là où la perception et le perçu sont corrélatifs, la conscience est à même de percevoir le reflet du cœur tant que l'opération consiste, selon l'expression du taoïste Lin Tsi, à « s'épurer comme minerai » et à « se polir comme un miroir », instrument de participation transformatrice de l'âme et d'illumination. C'est la Gnose ou Quête dans laquelle il s'agit de percevoir, de rendre sensible le « Bâtin », l'être authentique et de volatiliser le « Zâhir ».

Les philosophes arabes distinguent :

Al Bâtin	*Az Zâhir*
l'Immense intérieur	l'Apparent
subjectif et absolu	l'Extérieur
le Non-Manifesté	le Manifesté
le sens spirituel	la lettre
l'ésotérique	l'exotérique

Du Témoignage éveilleur rendu sensible par l'Auxiliaire à l'aide de l'allusion énigmatique, où la conscience intime est encore entachée d'un sens graduel, dans les formes collectives et institutionnelles, tant que demeure « l'ombre dans le soleil », à la « Coupe de Jamshîd » qui est celle de la Transfiguration, et qui implique la transmutation concomitante du mode de perception, du mode d'être du percevant, et du perçu, et qui ne peut s'exprimer que dans une union d'amour entre l'intelligible et le sensible. Nous abordons là la métaphysique contenue dans les Figures ∴ et ∵ que Santalla appelle « Auxillium Intus » et « Auxillium Foris ». Plus la pénétration dans la connaissance intime (« Bâtin ») s'intensifie, et plus cette ombre se perd dans le Soleil. On pourrait situer ces deux Figures : ∴ au Nadîr, et ∵ au Zénith sur l'Axe de réalisation dans le Zodiaque.

Contemplation qui doit nous révéler l'Un-sans-second, dans le réfléchissement de la Lumière.

Ces dynamiques de Figures complémentaires témoignent pour ainsi dire d'une immixtion de l'Imaginaire, bien plus efficiente qu'elle ne serait conçue à travers le subterfuge d'une divination égarée dans le souci d'objectiver partiellement ou d'analyser les rapports de « synchronicité » et autres phénomènes susceptibles de nous dépasser totalement, vis-à-vis d'une urgence d'attention beaucoup plus fraîche, où une ordonnance de connaissance gnostique plus proche du Cœur que de la « teste » s'avère participer de la démesure « chamanique » de la Vie[36].

Avec ⁛, « triomphe » le « Bâtin », l'Intérieur, de sorte que la Figure de la Coupe est aussi celle du Miroir, pierre de touche hermétique.

« Le sujet qui en toi pense et ''intellige'' est indépendant des dimensions spatiales et de tout ce qui leur est inhérent. » SOHRAWARDÎ, *Kitâb Kalimat at-tasawwof*, trad. Henri Corbin.

Le Triomphe intérieur est la Prise du Discours essentiel.

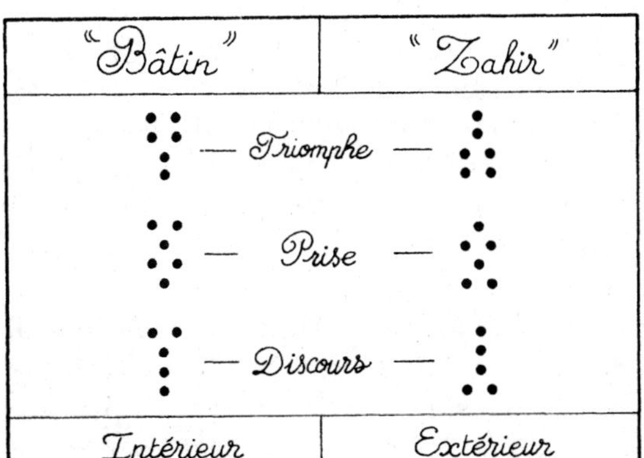

Ce qui PÉNÈTRE (*Dhakila*) se détermine en verticalité, « monte » dans le Tout-Autre et correspond au SOLVE.

Ce qui SORT (*Kharidja*) implique une limitation due à un état de manifestation de possibilités en horizontalité, et cela équivaut dans ce plan à un état de privation, d'exclusion. Ce qui sort tend alors à la COAGULA.

Le TRIOMPHE est en rapport avec les circonstances, mettant en valeur L'Homme Universel avec ∵ et l'homme individuel avec ∴ . « Ce qui pénètre » y est reçu par le support d'épanouissement, et « ce qui sort » est investi, subordonné, prisonnier du « et après ? », souci avec lequel « ce qu'il y a de plus important n'a rien à faire » (Nisargadatta Maharaj).

Le DISCOURS intérieur (⁑) se rapporte à la vision « qui pénètre », le DISCOURS extérieur (⁖) s'élimine de lui-même dans ses fixations à un quelconque motif.

La PRISE intérieure (⁘) fait entrer dans l'ENCLOS quelque chose, « pris » à l'extérieur, conforme aux possibilités « portées » en soi. La PRISE extérieure en rejette les scories.

⁙ et ⁘ sont une MISE EN FACE, par conjonction dans la première figure, et par opposition dans la seconde. Ce qui est opposé n'étant pas forcément « contraire », mais rapport entre soi-même et les autres dans une confrontation. ⁘, c'est son propre être caché. ⁙, c'est l'union des deux « pour faire le miracle de la chose une » (Hermès, *La Table d'Émeraude*).

Toutes les Figures géomantiques se reflètent dans leur inverse excepté les quatre Figures Mères où s'exprime la quête de la Transcendance au sein de l'ignorance, avec ⁞ et ⁞⁞, passant par la Porte ⁙ et le Gardien ⁘.

Entre ∴ et ∵, il y a encore la distinction du relatif à l'Absolu.

Entre ⁑ et ⁖ : l'Éveil de l'Être par la transcendance et l'Éveil du Non-être dans l'immanence.

« Ce qui est inférieur provient du supérieur, et ce qui est en Haut se reflète en Bas. Par ceci, on accomplit les miracles de l'Unité. », HERMÈS, IDRIS et THÔT, scribe et magicien d'Égypte.

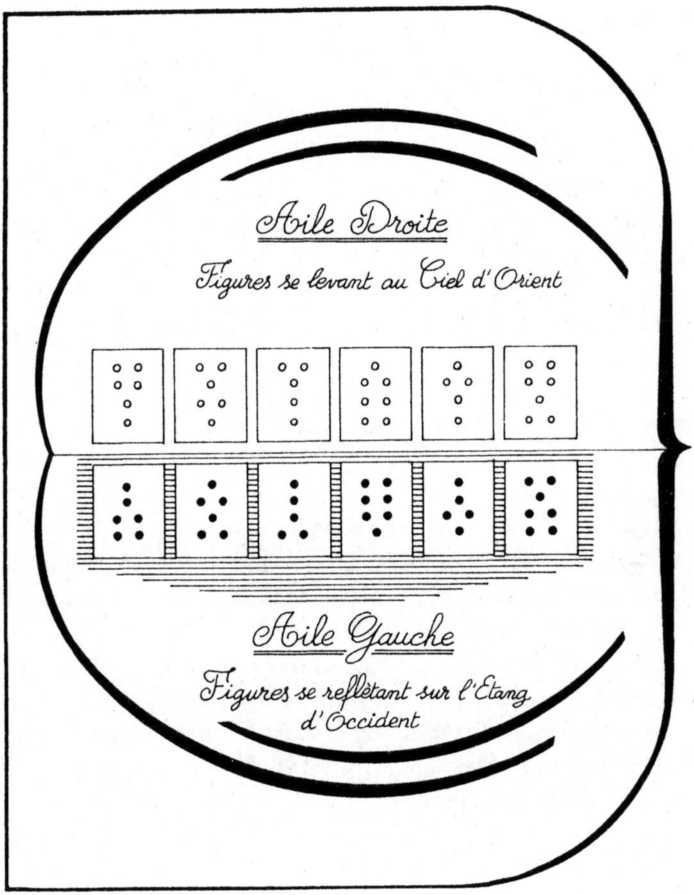

« Le monde où nous vivons est complètement renversé par rapport au monde où l'âme s'élève », *Zohar* (t. V).

De même que la Maison IX dans l'Écu traite de pèlerinage aux sources du Songe, suscite l'Autre à la lumière de Philo-Sophia, s'exprime en dynamisme projeté, et que la Maison III concerne les contacts immédiats et des concours puisés en soi, les Figures :

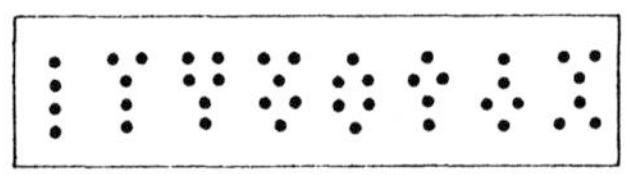

émanent d'un dynamisme projeté, une « mise-en-face », et dénotent des circonstances « actives »,

et les Figures :

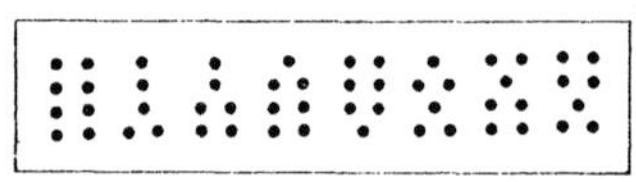

émanent des ressources intérieures, du « régime » donnant lieu aux « transmutations » au sein de la conscience profonde. Avec ces dernières Figures (second groupe), il est question de Discrimination, Non-agir, Maîtrise de Soi, Attention, Persévérance, Non-attachement, Élimination ou pleine Satisfaction des désirs, Sagesse, Harmonie et Méditation.

Le renversement des Figures fait passer du Souffle d'inspiration à l'Éclair d'illumination à l'image du « retournement », mouvement de la Création, arbre renversé de l'Univers dont les racines sont en haut et les branches dirigées vers le bas (*Rig Veda*, I, 24, 7).

C'est aussi la loi des cycles temporels où :

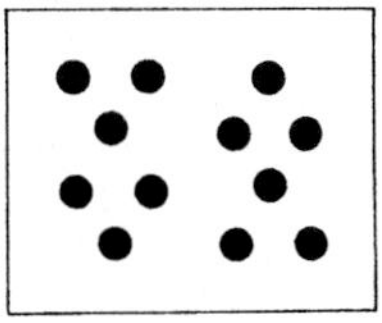

Ce qui a été rempli se vide
Ce qui a été accumulé s'épuise

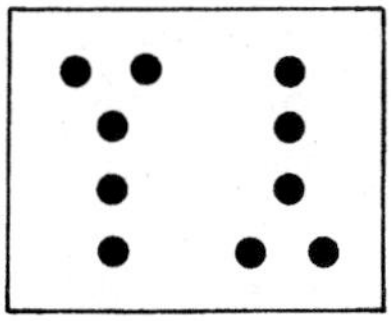

Ce qui a été érigé s'écroule
Ce qui est né meurt

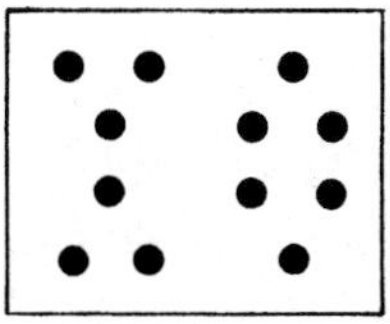

Ce qui s'est rencontré se sépare

Le Gond est à la Porte du dedans/dehors[37] ce que l'Axe central est à l'Immobile.

De ⁞⁞ Populus, Nuit des seize Figures, parallélisme paralysant par répétition à l'infini dans une illusion de continuité, le dormeur qui se contente d'opinions vaines, le Retour au Principe passe par ⁞ Via, Sentier du Cœur, où germe la conscience qui devient elle-même consciente, dans l'imminence et la possibilité d'accès à une réalité supérieure. Lao-Tseu nous avertit que la Voie « ne peut être tracée » et encore qu'« elle ne saurait se cultiver ». Dans son UNité fusionne toute multiplicité. Elle est « sans couleur, simple et indéterminée » (*Tao Te King*).

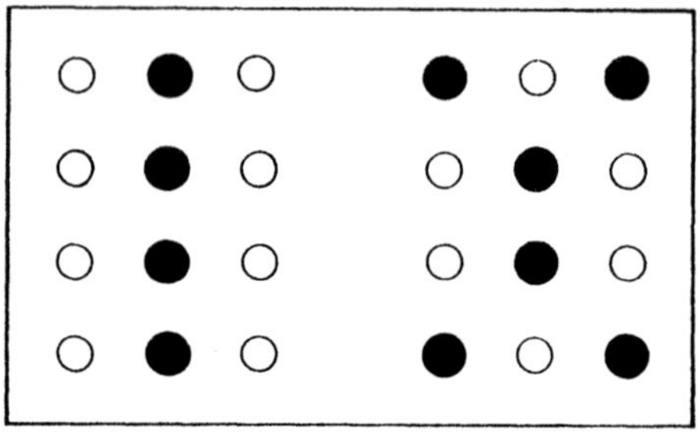

Dans ⁛ Carcer, la Sève subtile représentée par ⁙ Conjunctio. Dans l'Enclos ou l'Œuf : transformation des Quatre Éléments de la Via en une simultanéité en puissance d'Éveil. Il y a avec ⁙ , implication d'un dépassement des limites ordinaires du mental humain. ⁙ n'étant pas perçu comme « enfermé » dans ⁛ , ou séparé, c'est de l'immanence du soi dans le moi devenu conscient du caractère illusoire de ses limitations qu'il s'agit ici.

L'observation des Figures géomantiques révèle douze Figures (douze est le nombre du Zodiaque, des divisions cycliques de l'espace-temps) se reflétant, que nous avons placées sur les ailes du Guide intérieur.

Soit à l'Orient :

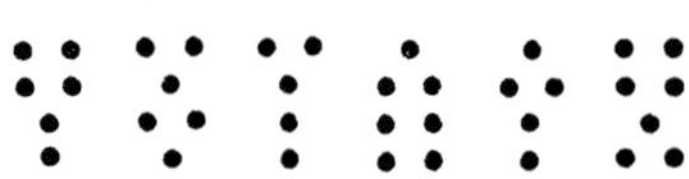

Et à l'Occident :

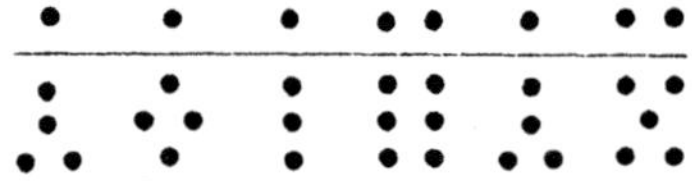

Les deux Fortunes et les deux Prises s'imbriquent dans leur reflet :

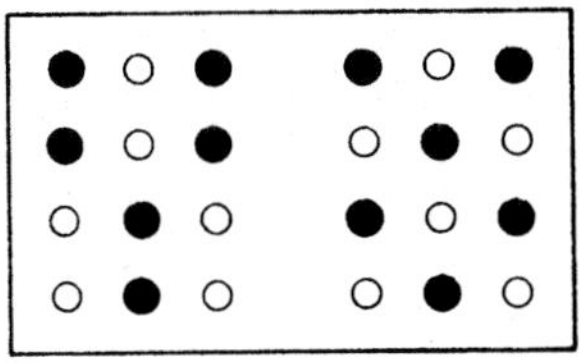

Les deux Discours s'imbriquent latéralement avec leur contexte :

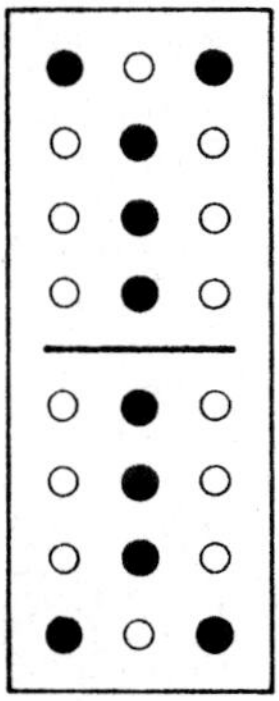

Les quatre autres Figures, intimement liées, s'imbriquent en croix diagonales :

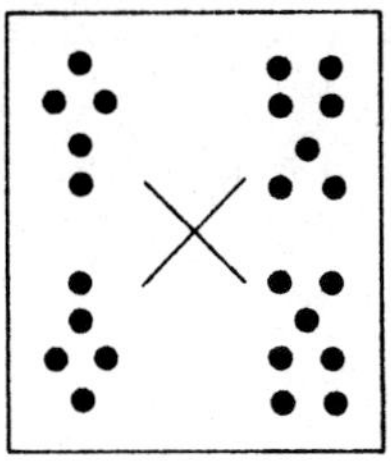

Fortuna Major est à la Puissance inconditionnée ce que Fortuna Minor est aux pouvoirs (conditionnés et conditionnants). Dans la première, la lumière est libre, dans la seconde, elle est mise en demeure, retenue captive par la coupe retournée. Harmonie va ainsi avec la première, Équilibre avec la seconde.

Les deux Figures de la Prise (*Qabd*) ou Poignées sont les états de constriction (opposée au « Bast », épanouissement) se référant à la maîtrise de l'âme, rapport du Plein au Vide ♉♀ réunissant ses œufs dans le même panier. Par résonance dans l'organisme, elles peuvent concerner l'assimilation des nourritures.

Le Discours intérieur nous impose la reconnaissance d'une dimension Autre, figurant comme une clé de voûte de ce qui « se tient debout ». Axe de l'Éveil, de la participation, du neuf.
Le Discours extérieur est ignorance, inconscience de son état. Il ruine les évidences et creuse la crevasse de l'obscurité.

Rendue à son état de nature par l'Esprit, la Matière ne fait plus barrage. Albus, qui exprime cet état purifié, s'unit à Rubeus dans le miroir d'une fascinante image d'amour, par laquelle Puella se contemple en Albus et Puer en Rubeus (ce qu'exprime la ⁙ Conjunctio issue des deux Figures).

« L'Être Divin aspire à un Témoin qui le contemple, et il ne peut être contemplé par un "autre" que soi-même. Son tourment ne s'apaise que lorsque son contemplant, en le contemplant, est son propre contemplé, ne fait qu'UN avec lui-même. » RÛZBEHAN BAQLÎ SHÎRAZÎ.

Rubeus a également le sens de spiritualité terrestre du féminin, et Albus, de spiritualité céleste du masculin ; Puer étant alors sexualité terrestre du masculin et Puella, sexualité céleste du féminin.

Enfin, à ces douze Figures s'ajoutent — ou plutôt elles sont « précédées » par — les quatre « Mères de la Géomancie » que sont Populus, Via, Carcer et Conjunctio.

Ces quatre Figures qui ne se reflètent pas, toutefois fusionnées, produisent : Via.

Fusion

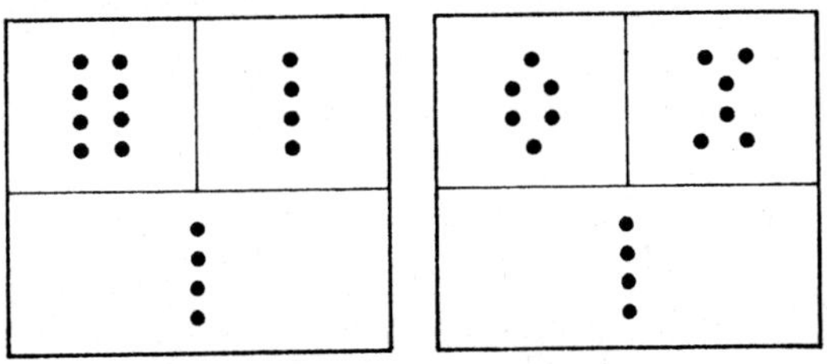

Tout ce qui EST est indissolublement et simultanément

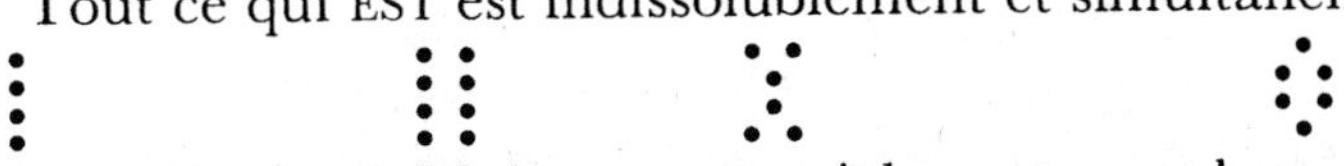

un et multiple, essentiel et substantiel.

Le pluralisme interne et externe de l'Un joue de l'intérieur d'un ensemble Émanation/Retour comme la Totalité s'unifie dans l'Unique qui s'épanouit dans la Totalité.

Du témoignage de l'un de l'âme à l'un du monde, dans une dimension quaternaire, résultent deux Prises (⁘ et ∴) de sorte que la Fortune référentielle varie sur l'Axe vertical, selon la « qualité de conscience ».

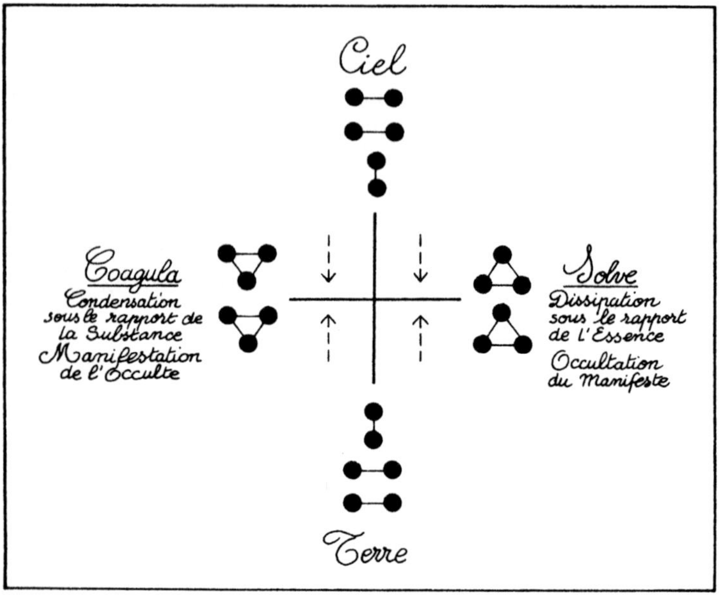
Ciel
Coagula
Condensation
sous le rapport de
la Substance
Manifestation
de l'Occulte
Solve
Dissipation
sous le rapport
de l'Essence
Occultation
du Manifeste
Terre

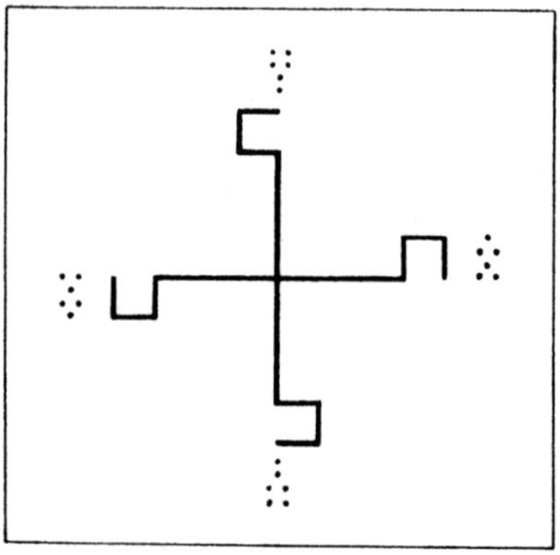

Les Yoruba nous donnent la version suivante des « Quatre Racines du Monde » disposées en CROIX (points cardinaux) : Axe équinoxial (horizontalité) et Axe solsticial (verticalité) où les deux premières Figures Mères sont situées sur l'horizontale et les deux suivantes sur la verticale :

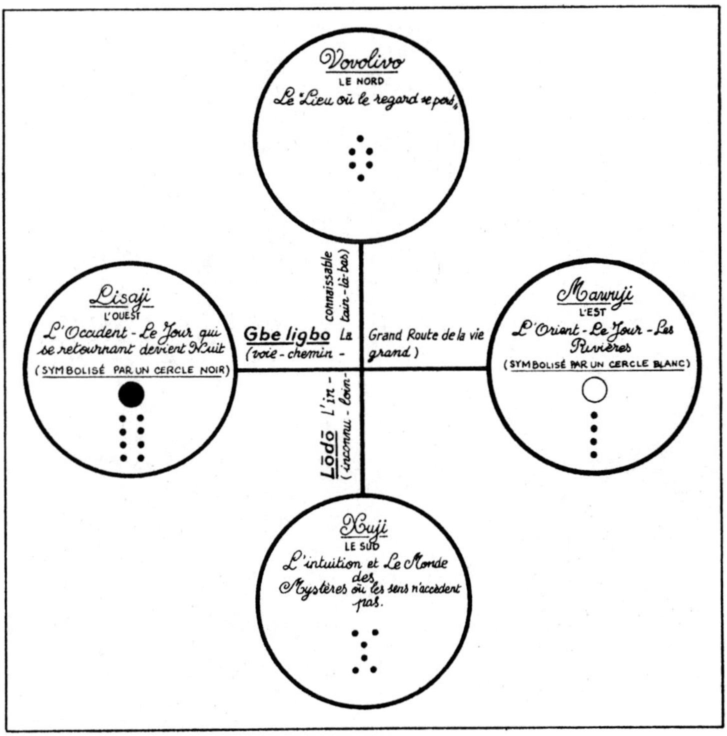

Dans le « Fa », les Bokonôs connaissent les Seize « Du » par paires sexuées. Les Figures apparaissent en blanc sur noir (tableau ci-dessous), sont dites « femelles » et ombre, reflet caché, nocturne des figures dites « mâles » (en noir sur blanc) auxquelles elles sont accouplées.

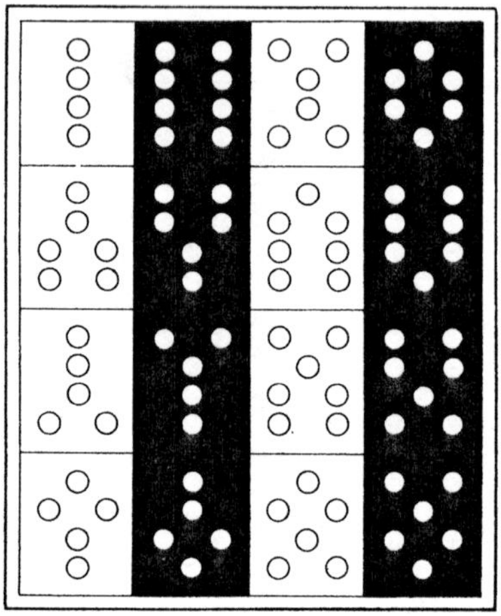

CHAPITRE II

Fragments lapidaires de sillons dans le sable (interprétations de thèmes)

A travers quelques exemples de thèmes, nous entrons ici dans la pratique oraculaire telle qu'elle s'effectue en différents modes d'approche.

Dans ce premier exemple, Monique s'interrogeait sur la brusque maladie de son père, et les pertubations importantes qui en résultaient. La ⊕ Part de Fortune ayant précisément surgi dans la maison IV (Parents) se trouvait conjointe à ⁘ Fortuna Minor qui correspondait dans les moindres détails à l'affection dont souffrait son père. Les Figures d'Eau en majorité situaient un climat de grande impressionnabilité. La questionnante se disait « bouleversée par l'implication que cette maladie a sur ma vie », ⁞⁞Populus en I passant en XI exprimait la recherche désemparée de secours psychiques. La ⁞ Via en II passant en IX et en XV (située trois fois sur la Voie de Points) esquissait le germe d'un dégagement de cette confusion, montrait que la solution de son comportement psychique dépendait d'abord d'une possibilité de voir tout cela plus calmement. Albus ⁙ en XIV confirmait cette orientation. ⁖ en III et ⁘ en XIII mettaient en garde contre une action irréfléchie influencée par l'entourage et les réactions du passé. Cette ⁞ Via en Maison VI du père (par les Maisons Dérivées) prolongeait la maladie

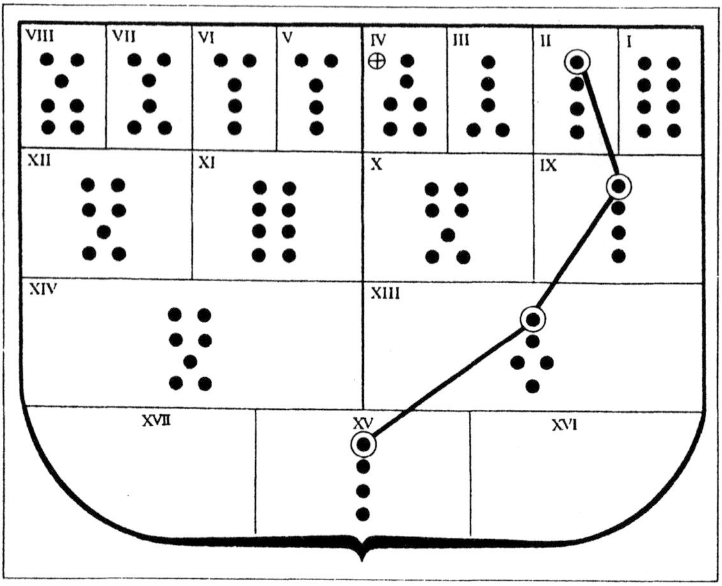

dans le temps. La questionnante avait d'ailleurs vu en Albus l'« appel à la patience » que le thème indiquait.

La problématique de la maladie était fort bien exprimée par les Figures angulaires du Père :

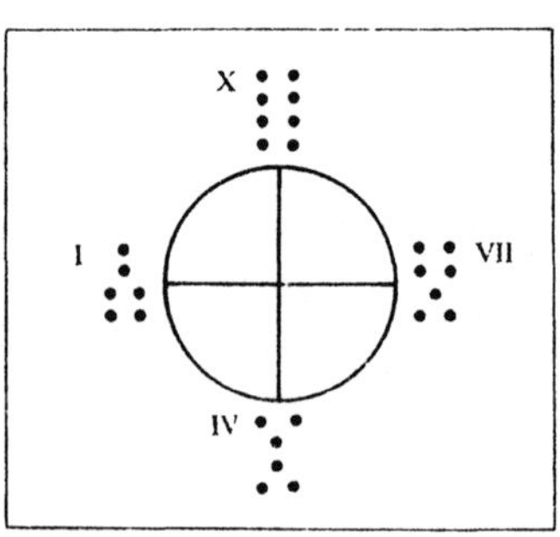

La confrontation de ∴ en I (du Père - ou IV du thème) avec ⁙ en VII correspondait bien avec l'attitude de rejet de préoccupations religieuses qui avaient tenu auparavant une grande place dans sa vie.

Face à cette épreuve, Monique allait-elle s'apercevoir qu'elle disposait de la ressource de témoigner sa présence sur un plan d'attention moins perméable aux influences de toutes sortes qui précisément troublaient son père ?

Dans cet autre thème, la question était posée à propos d'un voyage de fonction professionnelle qui était loin d'enthousiasmer René.

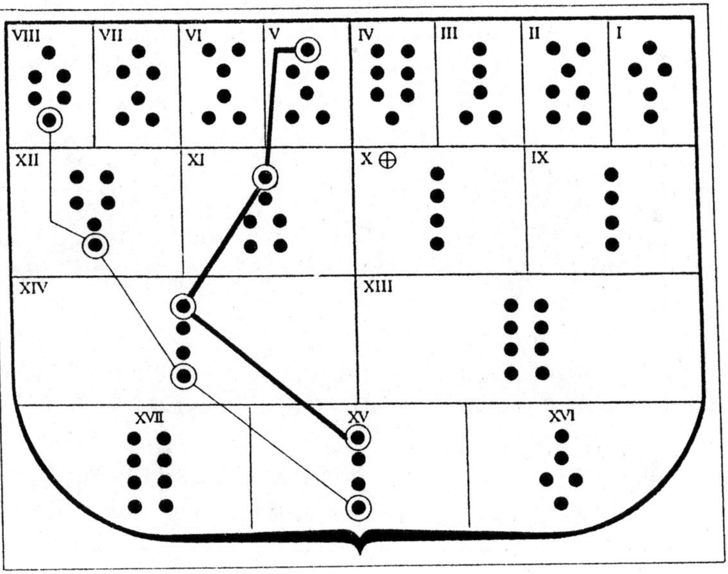

La ⊕ Part de Fortune en Maison X, associée à ⁞ Via, le voyage en question nous reportait à cette Figure placée en XV liée par les deux Voies de Points à ⁙ en V d'un climat peu propice à l'entrain et aux ouvertures d'esprit et aux limitations voire obligations entraînées avec ⁘ en VIII.

Dans l'horoscope du moment et du lieu de départ de ce voyage, l'Ascendant à 0° ♋ en conjonction avec la Lune ☽ était opposé à Neptune ♆ tandis que le Soleil (en ♋) était opposé à Jupiter. Mars ♂ et Saturne ♄ conjoints en ♏ semblaient, par leurs Trigones et Sextils à ces deux groupes d'oppositions, mettre en scène quelques déconvenues.

La ⁛ en III avertissait même du danger auquel soumet la conduite automobile sur des autoroutes encombrées, tenaillée par l'aiguillon des horaires et l'hypnose tout à fait particulière due aux extravagances du zèle de son collègue (le conducteur). Fort heureusement, la ⁘ garantissait que René en reviendrait sain et sauf, mais cette Figure se trouvait là bien atténuée. ⁞⁞ en XIII et XVII qui correspondait à l'opposition de Neptune fit que René ne se réveilla pas à l'heure prévue, tandis qu'un accident fut évité de justesse durant le voyage et que la réunion nécessitée (⁙ en VI - Travail) s'avéra ennuyeuse et tellement embrouillée que l'issue du voyage fut ressentie comme un soulagement. Notons encore que ⁙ en XI donnait un climat conditionné à la psychose du « travail » limitant considérablement toute détente. ⁝⁝ en IV issue des choses) exprimait le climat d'anxiété que René éprouva tout au long et à l'issue de ce voyage. Malgré cette expérience lamentable, quelque chose avait parlé à René. L'a-t-il entendu ?

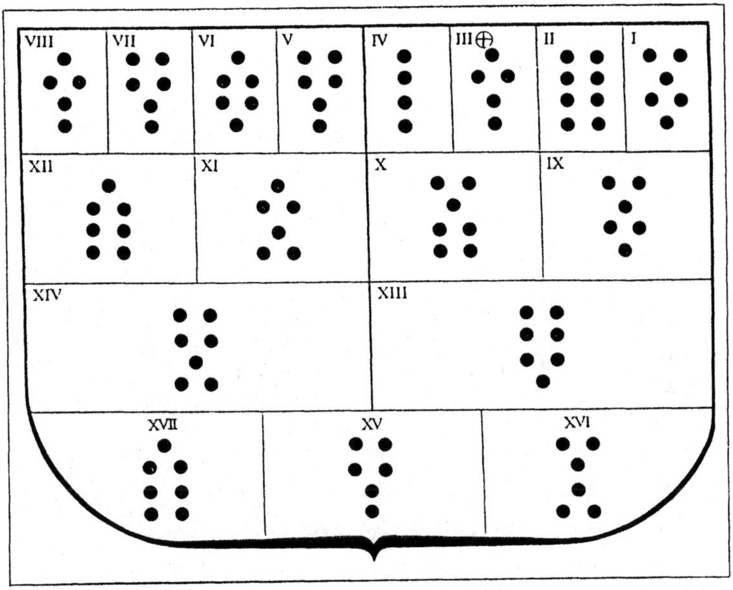

Ce thème fut effectué sans question précise par Pierre, qui demeura perplexe quant à son élucidation. Quelques heures plus tard, tout ce qui y était contenu se manifesta en un éclair. Pierre rencontra la jeune fille (⁛ dont il était question en III - entourage immédiat) signée de la ⊕ Part de Fortune et s'en éprit (∵ en V - sentiments amoureux et en VII - partenaire). L'irruption de cette jeune fille ranima en lui une perspective auparavant noyée dans le brouillard des états d'âme acquis (⁞⁞ en II). Cette rencontre, résumée par le Juge (∵ en XV) et par ⁙ en XVI, lui permit d'évoluer dans une attitude moins sombre que dans les jours précédents (⁞⁞ en XIV succédant à ⁞⁞ en XIII).

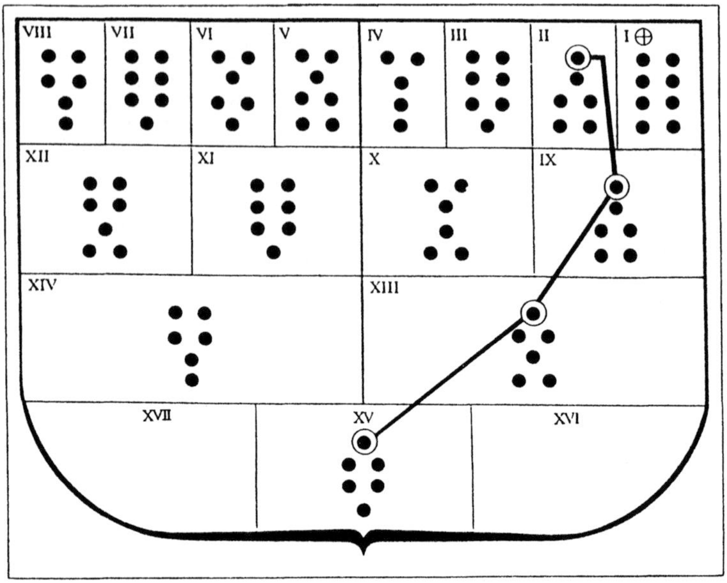

Le thème ci-dessus se rapporte à un climat d'inquiétude dû au choix rapide du questionnant, d'un lieu de résidence.

La Voie de Points indique bien en II les conditions brusques de la décision, à la suite de laquelle s'est conclu signatairement et financièrement l'accord. ⁞⁞Populus signé de la Part de Fortune en I n'est guère plus étonnante puisque le questionnant se disait lui-même « fort troublé par la précipitation de ce choix qu'il aurait peut-être à regretter », Figure I qui témoigne également de l'empreinte laissée par de nombreuses démarches perturbantes. Avec ⁝⁝ en VII, le climat d'inquiétude est confronté à une grande mobilité influençable.

Cependant, la ⁚ en IV (terme des choses et lieu de résidence), la ⁖ en XIV succédant à l'opération

« contraignante » ou tout du moins ressentie comme telle, montrent que le choix, malgré sa précipitation, a bien été judicieux, contrairement au doute et à l'impression d'inattention éprouvée par le questionnant. ⁘ en XII confirme que les suspicions sont erronées, ce dont le questionnant convint une fois installé, en comparaison des diverses propositions qui s'étaient présentées à lui autour de cette recherche d'appartement.

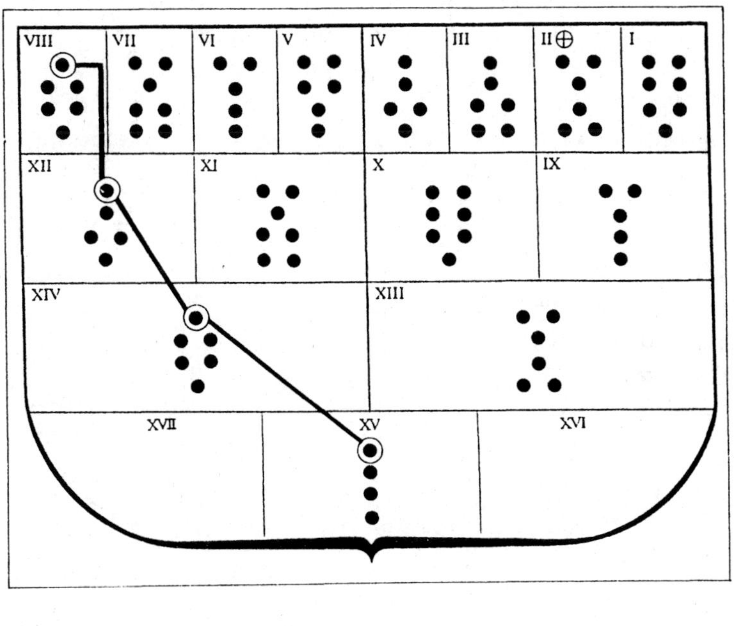

Le thème ci-dessus se proposait de répondre à une personne demandant s'il était opportun de tenter un arrangement, une conciliation avec une personne difficile d'accès avec laquelle elle se trouvait être en conflit. Nous voyons bien tout cela avec la ⁙ Conjunctio signée de la Part de Fortune en II, avec en VII et VIII, désignant la seconde personne : ⁙ et ⁘ . ⁖ Puer en IV passant en XII n'invite pas à la cessation des hostilités, bien au contraire. La Figure I : ⁘ passant en X n'engage pas non plus à tenter quoi que soit ; ce serait même une erreur dans les circonstances décrites. La synthèse XIII-XIV-XV résumant bien l'affaire oppose cette ⁙ Conjunctio, souhaitée par le questionnant à ⁘ Carcer, qui montre que la seconde personne demeurera intraitable sous l'effet de la passion ou de la colère qui l'anime (avec ⁙ Rubeus en VII). La Voie de Points indique même une accentuation des ennuis si la personne décrite en I, « prise à la gorge » en quelque sorte, ne fait pas face immédiatement aux obligations. Fort heureusement la ⁖ en VI passant en IX dissuada le questionnant d'aggraver le conflit. Le litige qui était d'ordre financier se résolut de lui-même dans le mois qui suivit et le questionnant avisé par le thème cessa toute relation commerciale avec ce partenaire « mal embouché ».

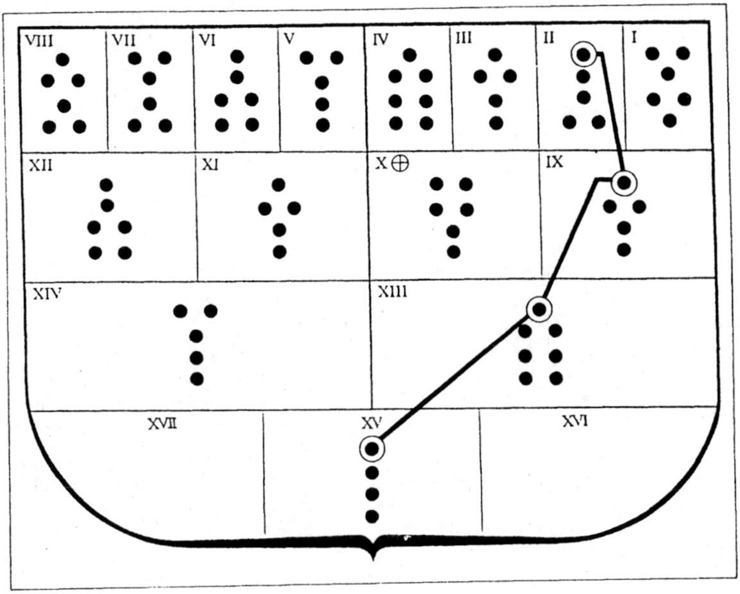

Ici, la question d'Edith était la suivante : « Réussirai-je à mon examen ? » La Part de Fortune se trouva en X (Maison de la question, où cette question précise trouve réponse) avec la ⁛ Fortuna Major. Edith avait tracé les lignes de points nécessaires à la constitution du thème, et s'était prêtée à la Géomancie un peu par curiosité, et un peu plus sous l'incitation excessive d'un groupe d'amis qui voulaient mettre à l'épreuve de la « mondanité » les prétendues connaissances géomantiques de l'un d'entre eux ; expérience qui apparaît loin d'être recommandable. Quoi qu'il en soit, ce dernier ne voulut pas décevoir la jeune fille et répondit un « oui » sans conteste malgré la .⁝. en II en laquelle il reconnut l'empreinte des mauvaises conditions dans lesquelles la Géomancie avait été présentée aussi imprudemment. Une semaine plus tard, l'examen passé, on lui fit savoir l'exactitude de sa réponse, mais c'est presque indifférent qu'il accueillit la nouvelle, se jurant de ne jamais plus se prêter à pareilles démonstrations...

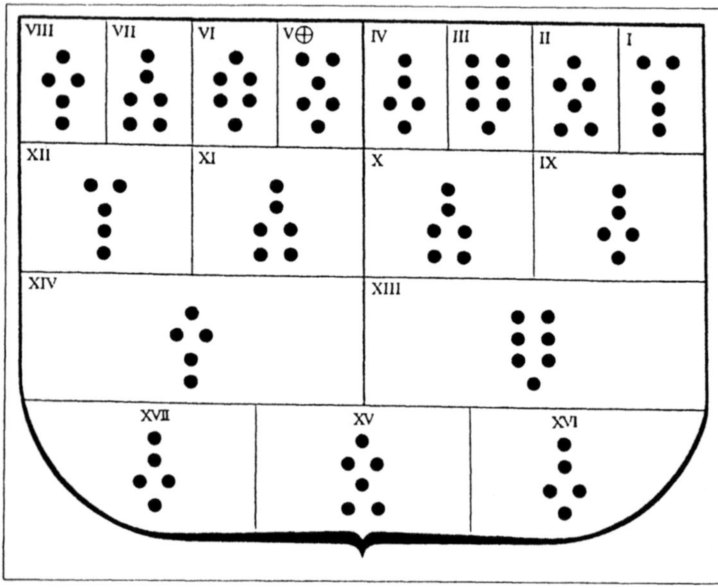

La question du thème ci-dessus était la suivante : « Dans quel ordre d'ensemble serait à situer cette action ? »

∵ en I met le thème en discours avec la conduite de soi. Passant en XII, elle prend un sens quasi disciplinaire, qui apparaît dans la Maison VII avec ⁘ que nous retrouvons en X et XI. La Part de Fortune en V signant la Figure ⁙ exprime la générosité, les opportunités susceptibles de répondre au fond de la question ; cependant, ⁙ entourée en IV de ⁛ qui s'étend en IX, XVI et XVII, de ⁘ en VI, celles-ci se trouvent gênées. Nous voyons aussi : ⁖ en II qui aboutit au Juge et ⁞ en III nettement dissuasifs, colorant l'action en question d'une teinte de réaction instinctive excessive. La méthode empruntée, en dissonance avec cette Figure V ⁙ invite ici à se délivrer d'un certain type d'examen, c'est le sens du Juge avec ⁖ par rapport à ⁞ en XIII, tandis que ⁛ en XIV nous révèle moyennant ce dégagement, une perspective d'assimilation et de disponibilité, quoique présente en VIII, elle passe par des détours déconcertants. Sur le plan de la manifestation dans le Devenir, nous verrions là une possibilité offerte par les nouvelles connaissances, par la vie elle-même, remettant en question les conditions obscures d'où naît la présente interrogation.

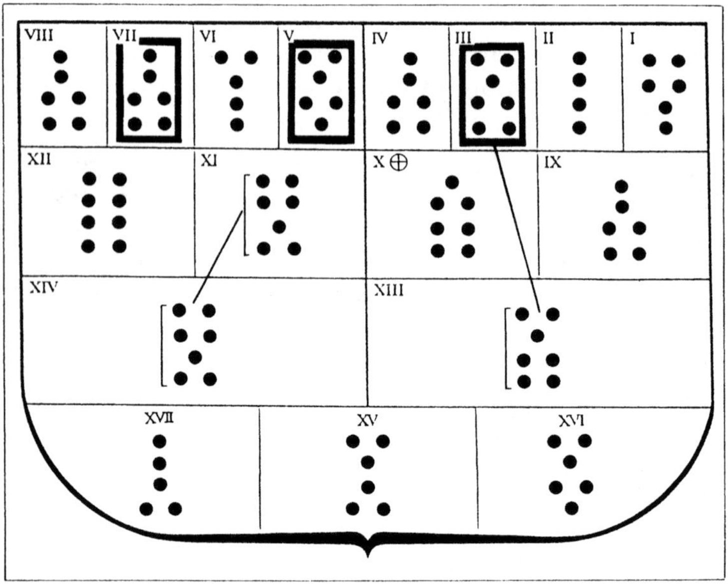

Il est question d'une demande sur les possibilités de rencontre d'un homme vis-à-vis d'une femme, la situation actuelle étant qualifiée de « fantasmagorique ». Trois Maisons sont à entourer : la III, le « rencontrable », qui domine comme Maison de la question puisque précédant la « rencontre », en V, tandis que la personne rencontrée se situe en VII.

Nous voyons ⁙ Conjunctio, la Rencontre en XV réunir Rubeus en XIII et Albus en XIV. Rubeus passe en III. D'autre part, la Figure qui sépare ⁙ Acquisitio (qui indique que les possibilités ne manquent pas) est ⁘ Fortuna Minor, qui joue un grand rôle puisqu'elle passe successivement en VII, VIII et IX. De son côté, ⁙

Albus passe en IX. Nous remarquons que la ∵ Fortuna Major en I est suivie de ⁞ Via, en II. Cette ⁞ Via est celle qui transforme ∵ en I en ∴ en VII. ⁙ en III indique des démarches inopportunes ayant trait à la personnalité [ou/et] au passé. ∴ en VII donne une difficulté d'accès pouvant déconcerter. Avec la ⊕ Part de Fortune en X signant ⁛ Laetitia, l'estime n'est pas absente de la part d'amis rares et judicieux, et dans un climat mêlant humour et ferveur. Le moment de la question (XV) est donc cette conjonction du climat passionnel de III et de la tranquillité demeurant en IX. Comme on s'en aperçoit, les conditions ne sont pas spécialement propices. Il est question de persévérance dans la bonne humeur avec ⁛ Laetitia en X. Avec Cauda Draconis en XVII, il faut triompher du « karmique » ; la question touche à l'angoisse existentielle, et l'on y reconnaît bien l'aspect « fantasmagorique ». C'est sur Laetitia ⊕ ⁛ au niveau de la conduite de soi que l'attention est portée par rapport à la précipitation qui a lieu en III, et qui ne peut amener que les illusions dont est porteuse la ∴ Fortuna Minor.

CHAPITRE III

L'Eau de la Pierre ou Al-Ixir

La troisième partie de ce chapitre sera écrite au long d'un pèlerinage en Andalousie, sept à huit siècles après l'émergence de la Géomancie en Occident, accompagnée de la poétique visionnaire des « Fidèles d'Amour », des Ménestrels et des Soufis. Pèlerinage aux Pierres qui nous réserva bien des surprises, tant en circumbulations autour des résidus encore flamboyants de la Masdjid al Djâmi'a (Mosquée) de Cordoba qu'en errance dans les ruelles de l'ancien Alcazaba Cadima (ou Albaicín) de Granada, qu'en méditation, en compagnie d'Ibn Arabi, dans la ruche encore magnétique qu'est le Palais de l'Alhambra (dont le nom, Al-Homra, est celui de la Figure ⁘). La fluidité mercurienne semblait guider les pas, à l'écart des inévitables obscénités touristiques, les conduisant par enchantement en des lieux silencieux qui permettaient tout à la fois de découvrir l'extraordinaire raffinement dont avaient fait preuve les artisans et les architectes islamiques de cette époque, et de baigner dans cette intemporalité qui, du bout des lèvres, nourrit le fil du Songe.

En périple dans une dimension invisible dans laquelle me revenait en mémoire que le Shayk Ibn Arabi avait eu, à Cordoue, à quelque dix générations près, une expérience visionnaire déterminante.

La sphère de l'a-temporel, dimension où l'ordre chronologique n'existe plus, remplacé par l'Instant en révolution permanente, implique en elle-même la possibilité essentielle de toute chose, de même qu'un dépassement continuel allant avec la non-validité de tous les savoirs. Dans cette expérience, la Contemplation est éveillée. La Voie suggérée par l'efflorescence des signes de l'Espace subtil se manifeste dans une infinie variété de formes concrètes. De là, découlent tous les témoignages des Sages où il est question de Miroir et de Reflet ; encore nous préviennent-ils qu'il s'agit d'une « dimension extérieure » par rapport à celle de l'« Œil du Cœur », en ce sens qu'elle fait intervenir l'image — qu'elle soit géomantique ou bien conçue sous une autre forme. Il n'y a plus guère de place, à ce stade, pour les bavardages de l'esprit. La qualité relationnelle de tout ce qui se présente est enfin reconnue dans les différents « Attributs » qui, dans la Quintessence, apparaissent comme créations mentales.

Les différents textes hermétiques insistent sur le fait que l'état de conscience *est* l'état du monde extérieur, de telle sorte que la réalité métaphysique consiste dans cette double structure de la réalité. A l'état qui précède articulations, arborescences, vagues formant différentes choses, est associée la dissolution de la conscience de la non-conscience.

Dans le « monde intermédiaire » (*âlam al mithal*), les conditions spatio-temporelles de la perception sensible sont en « suspension ». Les virtualités spirituelles de l'Ars Geomantiae vont se transmuer en une méditation suprasensible irradiante, éclatant les conditionnements de tout le connu au rythme de l'épanouissement de la Fleur.

« On peut voir sur la Terre, des soleils, des lunes,
dans une condition terrestre,
et dans le Ciel, dans une condition céleste,
toutes les plantes, les pierres, les animaux,
vivant spirituellement. », PROCLUS, trad. par Ibn Arabi, *L'Imagination créatrice dans le Soufisme d'Ibn Arabi*, de Henry Corbin, Flammarion, 1976.

Le « toi secret », fondu dans ces lieux, chantait dans les fontaines qui, dans les coins d'ombre où se pressaient les colombes, parlaient comme avec transparence.

Bien au-delà des « patterns » de la psychologie et du ronflement des convictions d'emprunt, nous nous laissâmes guider par une succession d'éclairs catalyseurs illustrant avec une extrême diligence les écrits sur la théophanie de la Beauté et de l'amour mystique.

« La science hiératique placée sous le double patronage de Platon et des Oracula Chaldaïca, s'origine aux âmes « hiératiques » ou « angéliques », divins messagers missionnés sur terre pour nous transmettre une notion des spectacles surnaturels contemplés par elles dans leurs préexistences. » PROCLUS, trad. par Marsile Ficin, *op. cit.*

Dans cet état que les Soufis présentent comme le « Miroir » ; les Védantins : le Témoin ; la Tradition Zen : l'actualisation de l'Éternité de l'Instant, le germe des conflits véhiculé dans l'aura dualiste n'existe plus, faute de support ; il n'y a plus de soutien. Tout n'est plus qu'Attention et Voir, sentir en Un-ité de présence et certainement d'Amour et de Connaissance.

Recueillies dans les abîmes du silence, les gouttes de l'Al-Ixir s'amplifient. Dans la trans-parence « sympathique » qui unit l'héliotrope (ou tourne-sol) au soleil, s'épelle une analogie. Les concepts, les déformations et informations «kryogénisent» un Dieu de générosité créatrice, vivant, et même animé de passion et d'ivresse, lorsque l'attention se trouve précipitée dans l'évasion miséreuse des pictogrammes électroniques.

«Rallumons les étoiles pour cueillir la Fleur d'Or et sortir du trou noir. Ce qui permet le poème. Le passé est dépassé. L'avenir ne viendra pas. Le retour des revenants c'est ici et maintenant. Demain n'existe pas.» Daniel GIRAUD.

Le soleil au Couchant, passant de la contemplation qu'il inspire à ce réflexe de délire hypnotique enrouleur d'images en pellicule couleur, donnant l'illusion, en effectuant les réglages, d'être par délégation l'un de ces ingénieurs de l'optique industrielle...

Des outils bien plus perfectionnés existent à l'état naturel dans le cerveau. Tout étant «retourné», ce qui s'actualise possède la vertu de symboliser les anesthésies, les états de sommeil.

«Les arguments d'Abraham (sur lui la paix!) ne constituaient qu'une seule parole : le Dieu Très Haut crée à chaque instant l'homme tout neuf, et, à l'intérieur de l'homme. Il envoie à chaque instant quelque particularité, de sorte qu'aucun des hommes ne ressemble à son semblable ; seulement, l'homme est inattentif à lui-même et ne se connaît pas.» Djalal-Ed-Dîn RÛMI, *Fihî-mâ-fihî*, «Le Livre du Dedans», trad. par Eva de Vitray-Meyerovitch, éd. Sindbad, 1982.

Cette Eau de la Connaissance, l'artiste en connaît les effets, l'ingénieur les manipule. Le but de l'entreprise s'avère : «chercher à vider l'eau de la mer avec une coupe» ou encore «incrustation de pierreries au dos d'un miroir». Le «trompe-l'œil», c'est le sur-ajouté, au dos du miroir. Le doute qui accompagne l'expression, la mise en forme, l'étiquetage, pourrait être comparé à la goutte oscillant au milieu des vases communiquants, ou à l'intériorisation de la quinzième Maison géomantique, dans une expérience directe de l'« insulisme » de l'Intervalle.

Dans le « Livre du Dedans » (*Fihî-mâ-fihî*), Rûmi conte l'histoire d'un géomancien que le roi, son père, ayant caché une bague dans le creux de sa main, soumet à l'épreuve.

« Ce que tu as dans la main est quelque chose de rond, jaune et creux », répond-il ; mais lorsque le roi lui demande de préciser, il répond : « Ce doit être une meule ! » Le roi lui répond : « Tu as donné tant de précisions que la raison reste coite devant la puissance de tes études et de ta science, mais comment ne comprends-tu pas qu'une meule ne peut tenir dans une main ? »

Par ignorance du Principe, les géomanciens expliquent, jugent, et font d'une bague une « meule » — effet de miroir à angles, « facettes », information partielle. Les différents aspects sont des attributs qui déterminent « un regard ». Or, il est quelque chose d'incommensurable, hors les dimensions de la conscience, mouvantes ; nul besoin de regard pour l'Œil-du-Cœur.

La Mouvance est traversée par l'Immobile, et le géomancien portant son attention sur chaque pas, « comme s'il traversait un cours d'eau en hiver » (*Tao Te King*) voit le support-miroir littéralement éclater et s'effacer comme la glace fondante.

Éclat de rire de la Fleur dont il était question (avec la Fortuna Major), non affectée par les malentendus pétris par les mentalisations. Le champ devenu chant, la reconnaissance n'est plus la même. L'apparent chaos se révèle transparent, tant et si bien que les images se font et se défont, retournant à la plénitude du vide d'où elles proviennent. Un silence dont toi seul peux entendre le poème émane des mélanges abstrait-concret. A bien y regarder, il n'existe plus aucune réalité objective formulable. Nous avons simplement vu, cheminant avec la Géomancie, que la conscience se transforme selon les états d'esprit qu'elle abrite et, voyant cela, nous nous sommes aperçu que l'activité intelligente se fond dans l'in-formation « êtrique », et qu'ici, comme dit Rûmi, « la coutume (*sunna*) du Dieu Très Haut est ainsi : Il soigne certaines choses au moment de leur apparition ».

Paradoxalement, si la Géomancie, comme nous l'avons dit, peut aider à prendre conscience de ces identifications, de ces changements, il s'en dégage l'empreinte d'une fraude, aux prémices du concept, de la cérébralité développée sur les apparences dualistes du monde objectif. Or, toutes ces « enluminures » façonnées autour de la trajectoire perdent leur sens lorsque la seule nature qui s'impose est Lumière...

CHAPITRE IV

Au Cœur de la Mine

Platon se plaisait à transporter ses lecteurs dans une « salle obscure » (antre ou demeure souterraine). La Lumière est le prétexte d'un spectacle d'ombres d'où la conscience doit émerger. La caverne est le lieu du *Ta'wil* ; à travers l'homologie qui se présente entre les événements se passant dans le monde extérieur et les événements intérieurs de l'âme, se manifeste une chose qui transcende la raison, engourdie dans les encyclopédies mensongères de la banalité. « Reconduire » une chose à son origine ou archétype, concerne aussi le « rectifier » dont il est question dans la « Table d'Émeraude » (*Sirr-Al-Khalîqa* du pseudo-Apollonios de Thyane), et le « préparer » dans la transmutation des valeurs. Le Retour « marche vers l'Intelligence qui est pour l'âme la délivrance de ses liens » (Plotin). Retour-révolution, ce qui se recrée à chaque aube.

« Un "retour à la femme" authentique nécessite la prédominance d'un RETOUR AU CIEL. » Daniel GIRAUD, *Le Soleil, le Cœur et l'Or*.

La scène de cinéma, comportant l'écran, le film, la lumière est souvent employée par les Sages de l'Inde afin d'illustrer les phénomènes de perception par rapport à une Identité non duelle.

« Sur l'écran de cinéma, les silhouettes se déplacent continuellement, elles ne peuvent pas faire autrement, c'est sur le film. Elles ne décident rien, le film se déroule. Mais qu'est-ce qui rend possible les silhouettes sur l'écran ? Est-ce le seul déroulement du film ? Non, c'est la lumière qui le traverse, la lumière qui est derrière. Pour vous, c'est la même chose, votre réalité est uniquement d'être lumière, d'observer le film dont le déroulement produit les événements du monde. Soyez cette Source-Lumière derrière la conscience. » Nisargadatta MAHARAJ, *Sois*, éd. Deux Océans, 1983.

L'observation des « phénomènes d'optique », chez les penseurs arabes de l'An Mil, s'inscrit dans une vision épiphanique du monde. A l'époque dite des « Grandes Découvertes », germe déjà l'inflation de l'invention, qui est dialectique, « transformation qui vient de l'homme, explique Jean Carteret, et pas du monde. La découverte est seulement dans un rapport de l'homme avec le monde ».

Au Cœur de la Mine est le Diamant dont le rayonnement est comparé par Roumi au Printemps :

Tout rit de l'Éternelle beauté qui se reflète en tout
Tout resplendit comme le diamant sortant de la mine.

C'est précisément à cette sortie de la mine que l'Archétype minéral est soit pris en charge par les « entités spirituelles » en correspondance avec les astres et la médecine, soit gouverné par la fonction régulatrice déléguée par Hermès-Idrîs, bien qu'en réalité la plénitude intrinsèque de la conscience pure la place au-delà de tout mouvement. Le « sortir » n'est que l'apparence manifestée par rapport aux limitations dans lesquelles s'est cristallisée ou spatialisée la conscience.

« Le monde n'est qu'un assemblage de couleurs jetées sur la toile du Non-développé. Il n'a pas de réalité en dehors de cette toile. Et celle-ci, à son tour, est tissée par la conscience à l'intérieur d'elle-même. » *Tripurâhasya*, trad. par Michel Hulin, Fayard, 1979.

Il concerne (ce « sortir ») la délivrance des particularités d'exhibition et d'aliénation du moi, empêchant la vie de passer. Cette découverte est souvent symbolisée par une perle dans une conque, symbole essentiel de la féminité créatrice ; les poètes mystiques en font le thème de la Transmutation. C'est là aussi qu'il faut chercher l'origine à laquelle fait allusion cette Coupe que représente la Fortuna Major, qui s'entrouvre pour recevoir la goutte de pluie tombée du ciel. C'est cette goutte d'eau qui devient Perle.

Incité par la pesanteur des schèmes conceptuels, dont le but impératif est de configurer une « norme statistique », sans se soucier le moins du monde de ses conséquences iconoclastes et exterminatrices, le géomancien voit, des premiers graffitis géomantiques aux signaux électroniques, se profiler une bien singulière « évolution » de l'humain et de la compréhension des choses, comme s'il rencontrait face à face le « témoin gênant » des premiers balbutiements de la conscience, et que celui-ci se révélait tout autre que l'idée grossière et chimérique qu'on s'en faisait.

Tandis qu'un inlassable débat traîne depuis des siècles sur certaines croyances limitant considérablement l'appréhension du monde, l'alchimiste ne confond pas la Lumière immémoriale dedans l'obscur, insaisissable, trouble et pétillante comme « l'eau limoneuse » (*Tao Te King* de Lao Tseu) et les galères de l'obscurité des lumières qui mémorisent ponctuellement, et assidûment, l'obscur. Aux antipodes du sommeil dans le temps, exhaussé en « instinct de conservation » qui, pour donner une image plausible de stabilité, s'empêtre dans un mécanisme de mesures dont les contradictions deviendront de plus en plus apparentes, l'Éveil se réalise en lâchant prise sur l'illusion des conditions spatio-temporelles.

Avant que la Terre ne fût connue comme ronde ou plate, il était déjà question d'une « géographie-astronomie » verticale, homologie cosmico-physiologique subtile de la Lumière, constituée d'influx provenant du Soleil suprasensible. Le Soleil et la Lune étaient regardés tout à fait autrement ; on en remarquait l'analogie, on en pénétrait le message relationnel. Le Ciel étant vu avec les yeux du ciel, ou était la science ?

Approches en lesquelles le plan céleste, le plan de la perception subtile et le plan sensoriel sont en interrelation existentielle. Tels en témoignent Najm Kobra, Ibn Arabi, Denys l'Aréopagite, Sohrawardî, Empédocle, Basile Valentin, Plotin, Patanjali, le bouddhisme Mahayana, les Tantras tibétains, les compagnons de Shiva, les Taoïstes...

Dans cet organisme étendu de l'atome aux étoiles, le rayon axial qui relie les pôles de la perception témoigne de l'extrême sollicitude prodiguée dans les énergies de l'univers. Par l'interdépendance de tous les phénomènes, les structures s'éclairent, les lois ontologiques apparaissent. Tout ce qui est perçu devient signe ; ce qui est vu, entendu, pensé, contribue au « Mandala » qui est à la fois « schéma de la désintégration de l'Un dans le multiple et de la réintégration du multiple à l'Un» (Giuseppe Tucci, *Théorie et Pratique du Mandala*, Fayard, 1974). Il y a sur ce sujet toutes sortes de témoignages transcendant les classifications culturelles et les données historiques, des mondes traversés par le Chaman, aux Stations épiphaniques du *Mi'raj*, Lumières du *Bardo Thodol* («Livre des Morts tibétain»), Centres subtils ou Latifas des Soufis, Chakras des Yogis, et cependant, la réalisation du Soi est «abrupte et sans palier» dans l'Enseignement de la Tradition du Védanta non duel (Shankara) - VIIIe siècle) puis Ramana Maharshi et Nisargadatta Maharaj (XXe siècle). Les expériences transitoires (ressortissant du *Krama Mukti*, où se révèle l'harmonie de l'univers) y sont conçues comme une «préparation».

A condition de faire taire en soi cette vieille émission mentale, qui s'applique maladivement à soupeser, à accepter ou à rejeter, c'est bien Ici et Maintenant que se situe l'Affleurement où ce mystérieux langage du monde, qui «danse» cet organisme, apparaît porteur de la pérennité, à l'Origine, de tout le processus de cognition.

«C'est là, présent dans le champ de la conscience, mais vous n'êtes pas le champ, ni son contenu, ni même le connaisseur du champ» (Nisargadatta MAHARAJ, *Je Suis*, éd. Deux Océans, 1973).

Le livre se referme dès lors que la motivation n'était qu'une apparence.

Une voix «off» : «As-tu bien visité le contenu d'un grain de sable ?»

Le sable est dans un plateau sur une table, entre machine à écrire et guitare électrique. Tout se ramène au présent.

« Tout est trop vaste pour contenir ne serait-ce que l'ombre de quoi que ce soit. » Francis GUIBERT.

Un grain de sable, sortant du microscope par d'occultes lois d'harmonie. Les visions archaïques, empreintes de subjectivité, renvoient des échos qui ne séjournent pas dans les refuges de la Lune. Alors, la pluie des phénomènes cessa d'un seul coup. Majestueusement, le ciel étoilé ouvrit ses paupières et, à la flamme d'une chandelle, la Pierre se présenta au milieu d'un cirque de rocs obscurs. Al-lucidation d'une randonnée en montagne, où co-naître prit une dimension nouvelle.

« Monte, monte, le chemin de Han Shan
Le chemin de Han Shan qui n'a pas de fin
Longs torrents, pierres, rocailles
Larges ruisseaux, herbes épaisses
Mousse glissante, pourtant nulle pluie
Pins bourdonnants, pourtant nul vent
Qui se dégagera du fardeau du monde,
Pour venir s'asseoir avec moi, dans les nuages blancs ? »
Han SHAN, *108 Poèmes*, trad. par Hervé Collet et Cheng Wing fun, éd. Moundarren, 1985.

Redescendant dans les nuages blancs qui imprégnaient les herbes, le Souffle vital pour se repérer trouva le lac immobile sur lequel ils dansaient lentement.

Dans la Mythologie védique, Apsara en tant qu'« Essence » est la Danseuse du Ciel, compagne de Gandharva, « Parfum » et Musicien du Ciel. Dans le Cœur du Sage, l'Eau-qui-ne-s'épuise-pas opère et parle à travers soi ; c'est sereinement et sans entrave qu'Elle doit être accueillie, afin de rétablir l'être dans un état nouveau.

Réfléchissant sur l'approche de la géomancie,

Tchouang Tseu se manifeste, mettant en scène le dialogue entre Lao Tseu et Tch'éou Nan-Jong. Parmi les règles « pour prendre soin de la vie », le Sage connaît le faste et le néfaste sans consulter « l'écaille de tortue » ou les « foins d'Achillée ». Les antiques Arts divinatoires, avec les Augustes Souein-Jen et Fou-Hi qui prétendaient au gouvernement des hommes, furent l'instrument d'un désordre dans lequel « ils ne parvinrent plus à main-tenir l'Unité parfaite, mais seulement à ob-tenir l'entente[38] ». Le chemin à contre-courant invite à « vomir l'intelligence » qui immobilise, anticipe, et éloigne de l'Eau-de-vie.

S'éveiller à la parole du Principe, en soi-même, telle qu'elle est, c'est « rentrer dans la lumière » à la Toute-Ignorance où se puise une connaissance que l'entendement ne saurait circonscrire.

Mais cette écoute peut s'avérer objet de méprise, dans la sourdine des accaparements esthético-romantiques, insidieux mécanismes amateurs de plans cinématographiques sur lesquels la mémoire et l'ego ont pu se polariser.

Cette quête du Lieu d'Harmonie dans les profondeurs de la Terre débouche alors sur le cimetière de toutes les illusions mystifiantes, là où la « lumière » n'éclaire plus que le cadavre.

« L'Homme éperdu parce que perdu dans le monde a beau être le médiateur entre le Ciel et la Terre, il est le reflet loupé de quelque chose de plus qui n'a pu être incarné. » Daniel GIRAUD, *Le Silence et l'Abîme*, essai de métaphysique gnostique, 1975.

Toute l'énergie investie dans ce déchiffrement apparaît soudain comme un égarement dans l'imaginaire. La grande absente en est la petite « Sophia », la douce ombre.

Brûlant les entrailles du passé, la Flamme se dévore. Dans le Désert aux mirages, les délires de la Soif, en brassant le sable du Vent, ne font qu'inventorier le Vide. Dans les déserts, la mémoire roule à perte de vue. Errant dans les labyrinthes plutoniens, hanté par l'invisible, Orphée mesurait-il ?

Pour Gé, n'étant que reflet dans la lumière du Soma, comment le poète se substituerait-il à la Pythie ?...

« Sans ces dons extraordinaires[39], la femme n'aurait pu être le Berceau de la race et le Nid des choses, et le contenant spirituel de l'homme. Tout ceci explique le pouvoir prodigieux de la femme pour élever l'homme, et faire monter la Flamme de l'Esprit dans le Creuset de son sexe. Peut tout sur nous, peut tout pour nous, la femme qui nous comprend. » Malcolm de CHAZAL, *Sens plastique*, Gallimard, 1948.

En ces lieux bouleversés, de quelle poésie est-il encore permis de parler ? T'imaginais-tu un moment remonter le gouffre qu'un détail t'indiquait l'aberration de ta présomption léonine : piqûre d'insecte qui sait si bien, aussitôt, se rendre invisible. Doute de l'idée que « l'on se fait » de soi-même, cette descente est aussi celle des fausses hauteurs, par les voies intuitives qui ôtent les masques de ce que l'on a pu prendre pour « inspiration ». Clin d'œil moqueur de Pluton au seuil du Signe du Lion.

La parole qui se pressent, comme attenante à la Géomancie, ou ce qu'il en reste, est celle qui émane du Spectre qui trahit un aspect du psychisme oublié, inaccompli. Voix de la Nuit qui s'est créée à partir de nos absences, notre manque de circonspection, nos contradictions.

« Le spectre est le plus étrange de tous nos egos, il réside à l'arrière-plan, à l'intérieur de ce "Je" royal que dans nos états de conscience claire nous considérons comme étant nous [...] Le spectre dans le cadavre représente le juge suprême qui est en nous, qui tient registre de chaque chose, et dans sa profonde sagesse les connaît toutes d'avance. Par de discrètes suggestions, cette puissance spirituelle peut nous retenir au bord de ces gouffres de calamités vers lesquels, avec toute l'énergie, tout le parti pris de notre nature consciente, nous tendons aveuglément. C'est un ego plus sage que celui que nous connaissons. C'est une puissance bien plus puissante que le roi que nous voulons être. » Heinrich ZIMMER, *Le Roi et le Cadavre*, éd. Fayard, 1972.

« Recule encore derrière l'ombre de toi-même » René DAUMAL.

La Géomancie, qui se propose comme une subversion de tous les entendements de l'univers enplafonnés dans leurs conditions passagères, ne s'en tient-elle qu'aux murmures de la vie organique ? La projection qui la caractérise ne risque-t-elle pas d'enchaîner à une forme de complaisance adventice de l'immanence ?

La voyance ne suffit pas ; elle risque même l'oblitération de la remise en question.

Accueillir la compréhension qui passe par le reflet de la Figure formée dans l'Écu du Cœur, c'est réaliser que le champ d'écoute, d'interrogation et de connaissance n'a pas à être disséqué. C'est dans la vie, et à travers son information d'origine instantanée, que doit éclore la qualité de vision investie en nous.

PHILIPPE DUBOIS, 1985.

« Visions en rêve, fleurs de l'air :
pourquoi devrions-nous nous mettre en peine de les saisir ?
Le gain et la perte, le vrai et le faux,
qu'une fois pour toutes ils disparaissent ! »

Seng-Ts'an (patriarche Tch'an),
Sin-Sin-Ming.

NOTES

1. Articles de l'auteur : « La Géomancie » dans la revue *Révolution intérieure*, n° 1, 2e trim. 1977 ; « El Tariq » dans la revue *Cosmose*, n° 2, été 1976.

2. « La Mens humaine est comme un rayon vivant de ce Dieu et les ministres célestes n'ont pas plus d'action sur elle que sur l'ordonnateur lui-même, c'est-à-dire Dieu. » Et Robert Fludd ajoute plus loin : « Sur ce monde inférieur, le Ciel a une vertu et une action si grandes, il y opère avec un effet si certain, que ce n'est pas à tort qu'Hermès Trismégiste, en tête du Livre II de l'Asclepius, l'a appelé le Dieu Sensible — parce qu'il domine exclusivement d'une manière sensible, alors que le Dieu Intellectuel domine par ses dispositions et son ordonnance » (R. Fludd, *De Astrologia*, traduit par P. Piobb, éd. Darangon, Paris, 1907).

3. Le cauri : coquillage utilisé en Afrique comme monnaie, élément décoratif et support divinatoire originaire d'Extrême-Orient. Sa forme évoque le sexe féminin.

4. *Skidi* ou *Sikkidi* : Géomancie malgache. Voir ouvrages de R. Jaulin (notamment : *Sur la Géomancie*, « La Divination », P.U.F.).

5. Le Magicien des *Mille et Une Nuits* qui s'enquiert de la disparition d'Aladin utilise l'Almadel : « Il tira d'une armoire une sorte de boîte fermée de forme carrée, dont il se servait pour ses observations en géomancie. Il s'assit sur un sofa, posa

la boîte devant lui et en ôta le couvercle. Après avoir préparé et aplani une couche de sable, se concentrant sur la volonté de savoir si Aladin avait trouvé mort sous terre, il posa ses points de repère et traça les chiffres à partir desquels il établit son horoscope. L'ayant examiné afin d'en tirer un enseignement, il découvrit que loin d'avoir trouvé une fin souterraine, Aladin était revenu au jour, qu'il vivait quelque part sur la terre et dans les splendeurs, qu'il était un personnage riche et puissant, époux d'une princesse, honoré et respecté. »

6. Le Suprême *Khatt* est représenté par le Cercle, dont le Prophète fait le tour, étant ravi par l'ange Gabriel, lors du *Mi'raj*, « Échelle de Jacob » pour le géomancien Grégoire de Séville.

7. Manière d'obtenir des Figures par l'Agumega :

Chapelet étendu : 

Les deux côtés des 8 graines constituant le chapelet :  .

Le côté bombé, extérieur est dit : « Afa de caractère expansif » équivalent à : ••; au contraire un intérieur de noix correspond au point : •. Nous obtenons ainsi directement deux Figures.

Assis sur une natte (sans contact avec la terre), balancer le chapelet vers l'avant en le saisissant par le milieu :

Le ressaisir de la main gauche lorsqu'il revient vers soi, puis, accentuant le mouvement de balancement, le poser sur la natte de telle sorte que les deux extrémités se trouvent à l'avant. Cette technique fait intervenir trois mouvements de balancements en l'air.

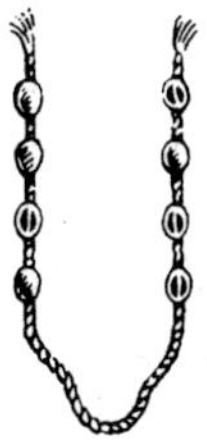

Ici, par exemple, nous trouvons :

Albus et Puella.

8. Le Tigre blanc habitait à la droite de chaque village, le Dragon vert à gauche. Il ne fallait pas qu'il y eût d'arbre ou de hauts bâtiments du côté droit ; le gauche le permettait. Le Dragon vert correspond au Ciel, à l'Est ou au Levant et à la pluie printanière ; le Tigre blanc : à la Terre, à l'Ouest et à la mort.
Sur le Feng-Shui, voir E.J. Eitel, *Feng-Shui or the Rudiments of Natural Science in China*, Londres, 1873, rééd. 1973.

9. C'est sur les écailles d'un Dragon que le Souverain Fou-Hi aurait découvert en des temps très anciens les « Kouas ». Il est aussi l'inventeur des « cordelettes nouées » et de la divination par les baguettes d'achillée. Son insigne est l'Équerre, qui a produit le Carré, emblême de la Terre.

10. Également appelé : Balînas.

11. Guru intérieur : le « Shaykh », le Guide suprasensible en soi.

12. La « trempadura » — expression provençale médiévale —, la « trempe » ou la « mouillure » (propriétés géomantiques), concerne la Maison XIII. La V est dite d'« atrempement » en rapport avec le « bain » des affinités, la constitution du corps et le caractère moral, les mœurs et la volonté individuelle.

13. Dont les « ailes planent au-dessus de la tête du juge », comme le remarque Malcolm de Chazal (*Sens plastique*, Gallimard, 1948). « Tous les jugements de Cour sont des plaidoyers déguisés et indirects devant le tribunal de l'Opinion. »

14. Les Maisons sont des situations terrestres. L'Écu engramme le Présent et montre ses racines et ses branches à

travers les « Douze Adytias nés de l'Étendue Primordiale » (*Rig-Veda*).

15. « Tu ne vois et ne perçois une chose, quelle qu'elle soit, sinon au moyen de quelque chose qui lui est semblable (ou qui est une partie d'elle-même) » (Najm Kobrâ).

16. Les Pléiades, « Centre de l'Univers » pour les Yoruba, « Pierre fondamentale » pour les Babyloniens, encore appelées Atlantides, « Vergilies » ou « La Poussinière » (Dad Jadja al-Sama Mabanatihi), « La Poule Céleste avec ses petits ».

17. Les Figures Via ⁞ et Populus ⁞⁞ que l'on a voulu faire correspondre à la Lune croissante et décroissante, semblent plutôt se rapporter à la « Lune lente » pour Via ⁞ (du premier au dernier quartier, passant par l'opposition des Luminaires) et à la « Lune rapide », pour Populus ⁞⁞ (du dernier au premier quartier, passsant par la conjonction).

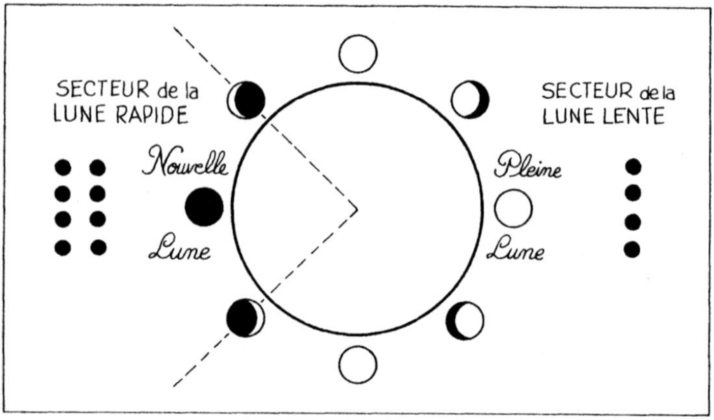

18. C'est au lever du Soleil que s'ouvrent les pétales de la Fleur. Instant primordial dans la poésie mystique d'Islam. Éveil du Lotus à Mille pétales dans le Yoga, Floraison de l'Alchimie, « Fleur d'Or » des Taoïstes.

19. Dans les idéogrammes chinois  Le vase contient une Liqueur spéciale (*Ch'ang*) qui induit la Transcendance 神 (*Shên*) à se manifester (à descendre).

C'est aussi la Coupe de Mahâ-Lakshmî 甲, qui contient le Soma.

20. Une autorité est exercée sur les choses de telle sorte qu'elle paralyse ou catalyse défavorablement dans le sens où le moi, la personnalité, surenchérit l'illusion ; sortes d'initiatives à rebours.

21. Sens d'obstination qui se configure également dans le caractère *K'ang* (Chine) où l'action provient de la partie inférieure du corps.

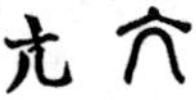

22. Le Rouge de la Flamme est le produit du Blanc, du Noir (trad. soufie). « Qu'une chose blanche quelconque dont la blancheur est solidaire de la lumière vienne à être mélangée avec du noir, elle apparaît alors en effet rougeoyante. » (Sorahwardî).

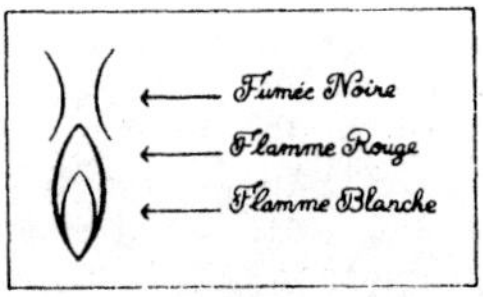

Le Rouge (الحمر) est associé à la rigueur, le Blanc (البياض) à la miséricorde ; le pourpre du crépuscule auroral ou vespéral est produit par le mélange de la lumière de la nuit, du blanc et du noir.

« Observe le crépuscule et l'aube... » Sorahwardî.

Dans les Trois Œuvres d'alchimie : le chamanisme du Noir où s'épuisent les contradictions, où brûlent les désirs ; le Blanc au réveil de la matière purifiée par où coule la seconde naissance ; le Rouge de la régénération matricielle.

Le Point, *Chu* dans les idéogrammes chinois, est aussi exprimé par la Flamme et le Cinabre اسرنج , « Rouge Sulfure de Mercure » des alchimistes, à l'intérieur du Chaudron de Houang-ti, qui est le Creuset.

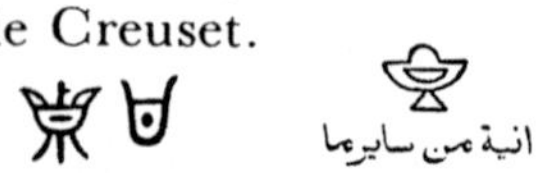

La puissance du Forgeron est ambivalente. « La Forge comporte un aspect cosmogonique et créateur, un aspect "asùrique" et infernal, enfin un aspect initiatique » *Dictionnaire des Symboles*, de J. Chevalier et Alain Gheerbrant, Laffont, 1969.

23. La lutte que l'homme mène contre l'adversité qu'il porte en lui-même (tout ce qui contrarie l'UN-ité) est symbolisée par l'épée de Puer, que la géomancie attribue au Demandant (Maison I). La demande concerne Puella, la Demandée, située en Maison XIII.

24. Par rapport à , l'aspiration, l'inspir,  est l'expir, l'intonation s'un soupir et le geste de relâchement.

25. Par manque de ressources ou de lucidité, la Figure n'encourage guère à entreprendre quoi que ce soit ; ell est cependant attestée comme salutaire, par de nombreux géomanciens, par rapport à une situation asphyxiante de maintien, de claustration...

26.  *Mien*, la demeure, dans les anciens idéogrammes chinois. , la tente dressée sur , l'axe ou le pieu central.

27. Comme indiqué ailleurs dans cet ouvrage : les Tétragrammes géomantiques de la Tradition médiévale arabe sont générés de « haut en bas », contrairement aux hexagrammes du Yi-King. Ainsi l'on retrouvera  ou  dans le caractère  *Shang* ou | s'élève au-dessus de —

28. *L'Œuvre complète de Tchouang-Tseu*, « Connaissance de l'Orient », Gallimard, 1969.

29. On retrouve | *Chüan*, le petit cours d'eau, la rigole, dans les anciens caractères chinois.  *Kuai*, la rivière, plus large, s'assimile à  Populus.

30. Les inversions les plus fréquentes concernent  Puella et  Puer,  Albus et 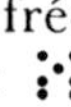 Rubeus (dans Fludd,

Crémone...). Dans le premier couple, c'est l'aspect « juvénile » qui prédomine. L'interversion d'Albus et de Rubeus ne peut être rétablie que dans la pratique et par les voies de l'intuition. Nous signalons cette quaternité formée par ces quatre Figures.

31. ⁙ Conjunctio qui réunit les deux serpents, ou Dragons : ⁝ ⁝ peut être considérée comme une figuration du caducée d'Hermès, symbole d'harmonie dans l'unification des principes contraires par voie d'intégration.

32. ⁛ Carcer s'inscrit dans l'ovale ou Œuf, la « Mandorle », (amande), lieu clos où la vie s'élabore, de même que la force qui permettra de briser la coquille. La « Mandorle » dans l'art pictural du XIe siècle, faisait apparaître en son sein le Christ « en majesté », soutenue de part et d'autre par des anges. Thème déjà connu dans l'art copte du VIe siècle, que l'on peut retrouver également, sous forme de Jarre (forme ovale de l'amphore) constituant le corps d'un oiseau (le Simorgh) dans l'art islamique, et à l'intérieur de laquelle est figuré un personnage « en ascension ». Les deux anges se retrouvent dans la partie supérieure des ailes de l'oiseau qui maintient entre ses serres, dans la partie inférieure, deux antilopes. Cette ⁙ Conjunctio, sécrétée en ⁛ Carcer (figurée par l'oiseau) est le symbole même du dépassement du dualisme apparent des deux mondes d'en-Haut et d'en-Bas.

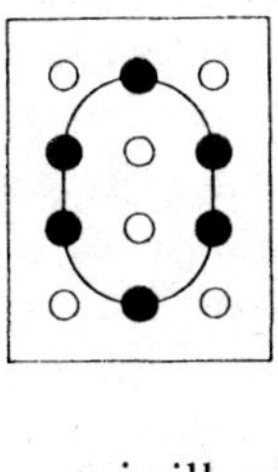

Le « Rhombe » ou losange, qui silhouette la fameuse Vénus de Willendorf, ces Déesses-Mères de l'Antiquité, trouve également dans la Géomancie, avec Carcer, cette signification de VENTRE, matrice de vie et porte des mondes souterrains.

33. Le nom phonétique de la Figure (Ankis) associe l'idée de « moi », d'ego (*An*) au contenant (*Kis*, que l'on retrouve dans *Ka'sât* : la coupe, *Kîs* : la bourse ou le sac — en français : la caisse, la cassette...). Le contenu est ici enfoui, c'est le point le plus bas de la Figure Analogie avec les lieux « encaissés »... Les points supérieurs qui donnaient à :˙: Laeticia l'amplitude de l'espace font au contraire ici office de parois, de murs rapprochés.

34. On peut dire que .:. aggrave les circonstances présentées par :.: en donnant de l'importance à ce point situé le plus bas, tandis que ˙:˙ « tire » par en haut dans le flottement aérien parfois un peu égaré, dans l'afflux des bienfaits de :˙: ; elle rappelle à soi, sinon au Soi, au sein d'une manifestation qui accuse tous les artifices du « moi ». Si avec ˙:˙ , il s'agit de veiller, de redescendre sur Terre, avec .:. , il s'agit de remonter à la surface par la voie du Subtil.

35. Il faudrait tenir compte ici des mots non pas dans leur sens littéral, mais de ce qui se dégage de l'ensemble, car il ne fait aucun doute, à l'expérience, qu'ils sont souvent exagérés, que la place de chaque Figure dans chaque Maison traite d'une circonstance qui, tout en restant ce qu'elle est, peut s'illustrer de différentes manières. Il s'agira, en somme, de retrouver l'angle de vision en évitant les courtes vues... Les situations décrites, correspondant à ce qui a pu se produire en telle circonstance, ne sauraient donc s'imposer en tant que telles dans les termes exclusifs que recèlent parfois les traités de Divination. Il s'agit, en fait, d'approfondir le sens des Maisons, y compris les « dérivées » et les Passations, dont les pages qui suivent ne donnent qu'un aspect extrêmement succinct.

36. Passant par la Peinture quand elle se fait visionnaire, la Musique incantatoire telle qu'elle nous est offerte par des hommes simples véhiculant une tradition orale vis-à-vis de laquelle la carte de géographie fait figure d'exotisme.

37. « Dehors ?
— Non pas dehors, mais dehors-dehors ! »

« Pourquoi pas dedans ?
— Non pas dedans, mais dedans-dedans ! »
« Dehors-dehors ou dedans-dedans ?
— C'est la même chose... »

Michel Camus, dans le *Miroir du Verbe*, témoignages contemporains d'expériences poétiques et métaphysiques rassemblés par Daniel Giraud, éd. Révolution Intérieure, 1982).

38. Pe-Hou-Toung (Commentaires du *Yi-King*) et Tchouang-Tseu (ouv. cité note 28 : chap. XVI).

39. « La femme a un autre alphabet que nous. Son abécédaire est dans son sang, que ses nerfs épellent. Son vocabulaire est infini, chaque mot formant "dictionnaire de sons". Les femmes ne parlent pas, elles *sont parlées*. Ce sont des possédées du verbe. Les Pythies en sont l'exemple-type. Toute femme est un médium verbal. » (Malcolm de Chazal, ouvr. cit.).

« Le Cœur est comme un grain, nous ressemblons à la meule ; celle-ci sait-elle pourquoi elle tourne ? Le corps est comme la meule, les pensées sont l'eau qui la fait tourner ; la meule parle et l'eau connaît ce qui s'est passé. » Aflâki Shams-ol-Dîn AHMAD, *Manâqib ul-ârifin*.

« Ouvertement ou en secret, bien ou mal,
Tout arrive par l'ordre de Dieu et la volonté du destin,
Malgré tous mes efforts, le destin prononce :
"Il y a, hors de portée, autre chose !" »

Mevlana Djelâl Ed'din RÛMI, *Roubâyât*.

Achevé d'imprimer en janvier 2006
sur les presses numériques de Bookpole
BP 12 - ZI route d'Étampes - 45330 Malesherbes
http://www.imprimerie-bookpole.com

N° d'impression : L05/07641L
Dépôt légal : janvier 2006

Imprimé en France